おいしい味の表現術

瀬戸賢一 編 Seto Ken-ichi
味ことば研究ラボラトリー
Taste Expression Laboratory

インターナショナル新書 095

はじめに

味をことばで伝えたいとき、まず守るべきは、

うまっ、ヤバッ、コレナニ？


と言わないこと。これを言っちゃ、あとが続かないから。

あるいは畑での野菜の収穫。たとえば大根を引っこ抜いて、さっと洗ってひとかじりする。

ここでひと言。


あま〜い！


こう言えば違いがわかる人のように響く。アイドルを脱した女優のとっておきのセリフだ。

だけどこれもほとんどあとが続かない。

では味を表すことばそのものが不足しているのだろうか。

と思ってあたりを見回して、ついでに頭のなかをひっかき回すと、まず基本五味（甘味・塩味・酸味・苦味・旨味）がある。それぞれに専用のことば「甘い」「からい」「すっぱい」……がはりついて、これに「おいしい」「まずい」などを加えると、そこそこ表現できるのではないだろうか。

そこで簡単な実験をやりましょう。「すっぱい」に続いて味の表現をいくつついえるか、指折り数えてください。

いくつ数えられましたか。たいていの人は一〇前後かな。一五ならすごい。二〇に達したなら、本書は必要ないからすぐに閉じて――書店で立ち読みしていたら――家路につこう。

この本は、味の表現が一〇前後にとどまった人のために、味を表すことばがいかに豊かで奥深いかを実例で示す。そのために分析もやり、ランキングや図解も添えて。

それにしても飽満の時代。グルメ番組が「ヤバイ」芸人を走らせ、全国からのお取り寄せはネットでやりたい放題、国と地方が共謀して食と旅を煽《あお》り、口コミに行列、と食の饗宴というよりももはや狂宴に近づきつつある。

いまや日本にいながら世界各国の食材からスパイスまでなんでも揃う。足りないのはことばによるオーダーメイドの味つけだ。もっと味を表現する努力をしなければ。それも真剣に。ことばの貧困は巡り巡って食の均一化と質の低下をまねきかねないから。

それにSNSやブログなどで多くの人が一言も二言も発信する時代である。アップされる写真の質が驚くほど向上したのに、それに添えられる味の表現は？　「食べればわかる」ではただ逃げているだけ。たしかにぴったりのことばがでてこないのは日常のことだが、もっと自分の実感に近い、個性的で魅力的な、おいしい言い回しはできないのか。

私たちは、味研ラボ（味ことば研究ラボラトリー）のメンバーであり、その総員である。立派な施設があるわけではない。定例の会議もなし。ただ必要に応じて、ゲリラ的に下町の居酒屋に集い、あれこれと熱心に情報交換することばのプロ集団だ。

かつてこの味研ラボで『ことばは味を超える』（二〇〇三年、海鳴社）を出版したところ、新聞や雑誌が書評欄で好意的に取りあげてくれた。続いて第二弾『味ことばの世界』（二〇〇五年、海鳴社）を上梓《じょうし》して、日本言語学会などのお堅いところでもシンポジウムを開く機会をえた。

今回は第三弾、読んでいただきたいのは一般の方々。なぜ三度までも？　それは世のなかが変わり、ことばが変わり、SNSなど環境が変わっておいしさを自分なりのことばで表現したい人が増えたからである。そこでそのような読者に味を表す豊富なことばを届ける、味の適切な表現手段を提供する、という新たな使命が味研ラボに生じた。

それにもうひとつ。「ヤバイ」の全国制覇に物申したい気持ちもやはり強い。味についてもっと言いたいという欲求が、膝元からうずうずと立ちあがってきた。ヤバイに負けてなるものか。

お読みいただいて、食のイメージが一新した、ひと味違う表現ができた、そしてその結果、よりおいしくいただけるようになった、の声を聞かせてもらえたら、それこそメンバー一同の最上の喜びである。

では味とことばの競演をごゆるりとお楽しみください。味研シェフたちがご案内いたします。まずは食前酒でした。

瀬戸賢一

目次

※本書に掲載した図版・表は、出典の記載があるものを除き、すべて各章の著者が作成し、それを元にタナカデザインが制作した。

序章　ことばから味へ・味からことばへ

瀬戸賢一

味を表現するのに二つの場面を想像しよう。両極端と考えていい。ひとつは当事者二人が対座して食するとき。

料亭の奥座敷。

「ああ」

と口を開け、

「うん」

と閉じる。ゆっくり舌をまわして、味が口全体に広がるのを待つ。ひと呼吸おいて――

「うまい」

卓の向こうの者と頷きあう。

もうひとつは、自分の味の体験を第三者に伝える場面。

晩夏とはいえ秋の気配がまったく感じられず、うだる暑さが続いていた。そんなある日、デパ地下でトマトと向きあった。三個入りのパックで、ラップがかかっているとはいえ、大粒で皮がピンと張って艶《つや》がある。指先で軽く押すと、よく跳ねるゴム毬《まり》のように押しかえしてくる。色は完熟に至る少し手前の、うっすら白いベールを被ったような赤。家に帰るなり待ちきれず、くし切りにして一片を口に。

引き締まった酸味が解き放たれて、さっとのど元まで広がる。近ごろのフルーツトマトのかったるさとはまったく違う。緑のにゅるっとした部分もしっかり形をなしていて、崩れたり溶けだしたりせず、なまめかしい色を凝縮させている。果肉の充実ぶりもみごとだ。爽やかな酸のなかにほのかな甘みを宿して、歯にギュッと食い込む。果汁がこぼれる。

懐かしい南国の味。むかしギリシアの田舎の村で、皿いっぱいのまっ赤に熟れたトマトのざく切りに、フェタチーズをどんと添えてオリーブオイルをかけまわしたのを、きりっと冷えた辛口の白ワインといっしょに食した。その光景が一瞬蘇った。

第一節　味のことばと五感

料亭の奥座敷では何を食べているのかさえわからないが、差し向かいの二人は他人の視線を気にする必要はない。味は口中にあり、「うまい」と確認するだけで十分である。他方デパ地下のトマトは、それを味わう人が第三者に味を伝えようとするので、ことばこそが頼るべきもののほぼすべてである。当然表現が豊かだ。

聞き手や読み手にとって、おいしいものをおいしいと言われるだけでは、しばしば不満だろう。どうおいしいのか、どんな味なのか。ことばで説明してほしい。「何ともいえない」「筆舌に尽くしがたい」と逃げずに、そこはなんとか筆舌を尽くしてもらわねば。ではそのときどんな表現が出番を待つのだろうか。

五感で表現する

まず基本は、五感（つまり視覚、聴覚、触覚、味覚、嗅覚）で感じたことをできるだけ忠実に表す方法だ。巧みな比喩などはまだまだ考えずに、各感覚にこだわって感度を高めた表現に徹する。トマトで使った表現はその一例だが、実際の文章——比較的標準的なもの——を引用してみよう。

札幌の弁当屋「くま弁」の奥の部屋で千春がいま弁当を開けたところだ。

千春は（中略）ざくっとメンチカツに齧《かじ》り付いた。くま弁のメンチカツはジューシーで、齧り付いた途端肉汁と野菜のうまみが溢《あふ》れるが、脂っこくはない。脂が少なめで、代わりに野菜をたっぷり入れているせいだ。粗目のパン粉のざくざくとした食感も合わさって、豪快に大きな口を開けて齧り付きたくなる。

（喜多みどり『弁当屋さんのおもてなし　甘やかおせちと年越しの願い』）

肉系なら定番の「肉汁がじゅわっと（広がる）」だろう。テレビでハンバーグやステーキの切り口を見せて、肉汁の流れる様を映す。しかし「肉汁じゅわっと」で味がどれだけ伝わるだろうか。同じく「やわらかくて、おいしい」もよく耳にするが、考えてみるとどんな味なのかさっぱりわからない。ただやわらかいだけなら、マシュマロだってやわらかだ。これに対して右の引用は、日常の表現にとどまりつつ、平凡を一歩抜けだして、何よりも五感の表現を使って味を伝えている。

もうひとつみよう。同じ弁当屋のものだが、今度はザンギ（北海道での鶏のから揚げの呼び名）の味だ。

しっかり味がついたザンギは冷めてもジューシーで美味《おい》しい。外はカリッと揚がっていて、特に皮のところがカリカリと香ばしい。肉に歯を立てるとぷりっとした食感とともに肉のうまみが、脂が、口の中に広がる。

（同右）

たとえば「カリカリと香ばしい」の「カリカリ」は聴覚と触覚、「香ばしい」はもちろん嗅覚を表現することばだ。「ぷりっとした」は触覚、「うまみ」と「脂」は味覚そのもの、というように五感に敏感な表現が続く。五感が味の表現の基本なのは疑えない。しかしその範囲はどこまで広がるのだろうか。

味ことば

そこで本書で使う「味ことば」という用語を紹介しよう。意味は

味を表す一般性のあることば

この定義——というほどでもないが——の肝《きも》は「一般性のある」。あまりにも特殊な表現は、味を人に伝えるには不向きだろう。味ことばは、意味が共有できるものでないといけない。おおざっぱな規定なので具体例で理解してもらうほうがはやいだろう。たとえばじゃが芋の味はどう表現できるか。

皮をむいて熱々のところをひと齧《かじ》り。熱くて歯の先が少しジンとし、それをアフアフと口

の中で転がして少し冷ましてから噛みしめる。ホクホクと柔らかい。
最初、でんぷん質の粉っぽい味がし、それからほんの少し経《た》って、口の中の天井の奥のほうがスースーするような味がする。これがじゃが芋の味だ。
この味を言葉で表現するのはむずかしいが、色でいうと、〝空色《そらいろ》の味〟といったところだろうか。
口の中のすき間に、突然空ができて、そこにほんの少し風が吹きわたったような、そんな味が一瞬する。

（東海林《しょうじ》さだお『東海林さだおの味わい方』）

この文章がユーモラスなのは、最初の四行で蒸《ふ》かしたじゃが芋の味をみごとに描写しておいて、まだ表現を欲ばり、「この味を言葉で表現するのはむずかしい」と思案する点だ。それで「色でいうと、〝空色の味〟といったところだろうか」と。

〝空色の味〟に読者が困惑するのをよそに、「口の中のすき間に、突然空ができて、そこにほんの少し風が吹きわたったような、そんな味」とわが道をいく。

はあ。

べつに困らなくていいのだが、じゃが芋とは別に「空色の味」に多少なりとも一般的な理解を求めるなら、大きめの青いあめ玉ではないか。パチンコ玉よりもビー玉よりも大きく、ピンポン玉より小さい。幼いころ駄菓子屋でひとついくらで買った、あの安っぽいちょっと酸味のはいった、ただ薄甘いだけのあめ玉だ。のちのサイダー味やソーダ味ともちがう。縁日なら、これに粗目《ざらめ》がびっちりはりついて、口の天井がこのいがいがっぽい砂糖の結晶粒でちくちく痛んだ。この「空色の味」なら味ことばの周辺に位置づけられるかもしれない。ただし記憶を共有できる人の間だけで。

やはりじゃが芋に「空色の味」は一般性が乏しい。

では「まっ赤な味」はどうか。べつに色にこだわるのではない。味ことばの範囲をおおよそわかってもらうためである。何を想像しただろうか。たとえば唐辛子で一面まっ赤なラーメン。たしかにこれなら赤くて舌がしびれる。だがまっ赤なリンゴをかじっても「まっ赤な味」がするわけではない。

「空色の味」や「まっ赤な味」は、ふつうの味の表現から遠い境界線上に位置する。味ことばに引き入れようとするとかなりの文脈のくふうがいるだろう。

共感覚表現

味ことばの辺境にはおもしろい表現がいくつかみつかる。はっきりと境界の内側ではあるが、二つの感覚が結びついた共感覚表現がそのひとつだ。

第六感を別にして、人には視覚、聴覚、嗅覚、味覚、触覚の五感が備わる、とすでに述べた。それぞれの感覚には固有の知覚があり、その表現がある。「明るい」は視覚、「うるさい」は聴覚、「甘い」は味覚などというように。ところが実際の運用にあたっては、しばしば表現不足が生じて、これを補うために各感覚はことばの貸借をおこなう。

たとえばいまバイオリンの音が聞こえてきたとしよう。これを「なめらかな音」と表現すれば、「なめらかな」は本来触覚のものなので、触覚が聴覚に表現を貸した共感覚表現となる。同じ音に味覚が貸し手となれば「甘い音」と表せる。「甘い」が聴覚ではなく視覚に表現を貸せば、「甘いマスク」や「甘い光景」ができる。

このような貸借関係は、五感の間での組み合わせをすべて挙げれば（五つの感覚ひとつにつき四とおりできるので）二〇とおりできるが、各組のやりとりは均一ではない。貸し手となることが多い感覚と、主に借り手に甘んじる感覚がある。これは各感覚に固有な表現の数に多寡があるからだ。たとえば本来的に嗅覚の表現は多くない。聴覚だって、擬音語を除くと、いくつ数えられるだろう。形容詞類では、うるさい、やかましい、騒がしい、静かな、が挙げられるだろうが、すぐにはあとが続かない。

では「大きな音」はどうだろうか。気づきにくいかもしれないが、これも共感覚表現である。

「大きな」は、空間に関する視覚表現。音そのものに、たとえばメジャーで測れるような大きさはない。英語でbig soundというのも同じ。共感覚表現は世界中のことばで確認され、表現のメカニズムもだいたい共通することがわかっている。

味覚の共感覚

味覚は右に述べたように、貸し手にまわることもあるが、圧倒的に借りいれが多い。これはどうしてだろうか。たしかに基本五味の表現があり、より一般的な「おいしい」などもいくつか存在するが、私たちの舌の欲求はとどまることをしらない。新しい味、珍しい味、グルメな味と出会うと、違いをはっきりさせるために、ことばのハンティングをはじめる。

共感覚の四つのパタンを調べよう。

①〔触覚→味覚〕——軽い味
②〔嗅覚→味覚〕——香ばしい味
③〔視覚→味覚〕——薄っぺらな味
④〔聴覚→味覚〕——静かな味

①〜④はすべて、味覚以外の感覚を原感覚（表現の貸し手）として、味覚に表現を提供するパタンであるが、けっして対等ではない。すぐ確かめられるように、②と④は実例が乏しいのに対して、①と③は豊か。

①の触覚が原感覚になる味覚表現が多い、というのは意外かもしれない。だが触覚は分業が進んでいて、温覚・冷覚・痛覚・圧覚などのほかに、忘れてはならないのがテクスチャーの知覚である。素材の硬軟や乾湿を判断する役割を担う。当然これらを表すことばも多種多様だ。オノマトペ——一部は聴覚とも関係する——のパリパリ、サクサク、しっとり、なども豊富である。

では③の視覚はどうだろうか。ひとつ実例をみよう。

こうすると、いっつも使っている調味料だけではどうしても出ない深みや広がりが出てくるんです。

（村田吉弘『京料理の福袋』）

視覚に基づく共感覚表現としてすぐに気づくのは、「深み」と「広がり」である。比較的平凡な言い回しだと感じるのではないか。たしかにそうなのだが、「深み」も「広がり」も味ことばとしては欠かせない。

ここで、両者が平凡だと感じられる理由を考えておこう。たいていの視覚表現の特徴だからである。結論的にいうと、たしかな数字は示せないが、視覚の表現が他の四つの感覚を上回って数がもっとも多いからだ。これは、主に知覚感覚器官としての目の働きの多様性と重要性を反映するからだと考えていい。

さらに、視覚表現が際だちにくいのは、日常言語にあまりにも広く深く浸透しているからでもある（「広く」も「深く」も視覚表現）。ことばの基礎となっていると考えていいだろう。そのような目で見れば、前頁の引用には、もっと地味な視覚の味表現が潜む。「出ない」「出てくる」がそう。味が素材から「出る」、あるいは味を素材から「引き出す」というのは、視覚（空間移動の認識）をベースにした表現なのだ。

①〜④を総合した実例をみよう。引用中の「白焼」は鰻の白焼のこと。

わたしは一体、白焼が好物で、蒲焼よりも好きなくらゐだが、野田岩の白焼はさすがによかつた。あたたかくて淡泊で、口中でほろりと崩れ、可憐な風情で溶けてゆくのだ。

（丸谷才一『食通知つたかぶり』）

「あたたかく」は触覚、「淡泊」は視覚、「ほろりと」は触覚、「崩れ」は触覚と視覚、「可憐な風情」は視覚、「溶けてゆく」は触覚と視覚。これらがすべて味覚に合流する。

味ことばvs〝シズルワード〟

味ことばの一覧は次節で示すが、その前にもうひとつ考えておくことがある。近ごろ〝シズルワード〟という用語をよく目にする。これは何を意味し、味ことばとどう違うのだろうか。

シズルとは英語の sizzle。意味は肉をジュージュー焼くときのおいしそうな、食欲をそそる音（ここから、一九八〇年代に日本の広告業界で「シズル感」ということばが使われるようになった）。日本語のシズルワードは、「おいしそう」「食べたい」「飲みたい」を感じさせることばとして主に使われる。飲食欲求を喚起する表現である。しかしたとえば「栄養たっぷり」「体にやさしい」などもその例であることから、商品を売る戦略に関わる、「あ、買ってみたい」と感じさせる表現と考えていいだろう。そういう表現は、「シズル感が高い」と評されるようだ。

味ことばとシズルワードは、重なる部分も多いが、はずれる部分も少なくない。味ことばが「味を表す一般性のあることば」なのに対して、シズルワードは、販売促進のための食表現だからである。それゆえ「栄養たっぷり」はシズルワードとしては重要だが、味ことばではない。

図1　シズルワードの三分法

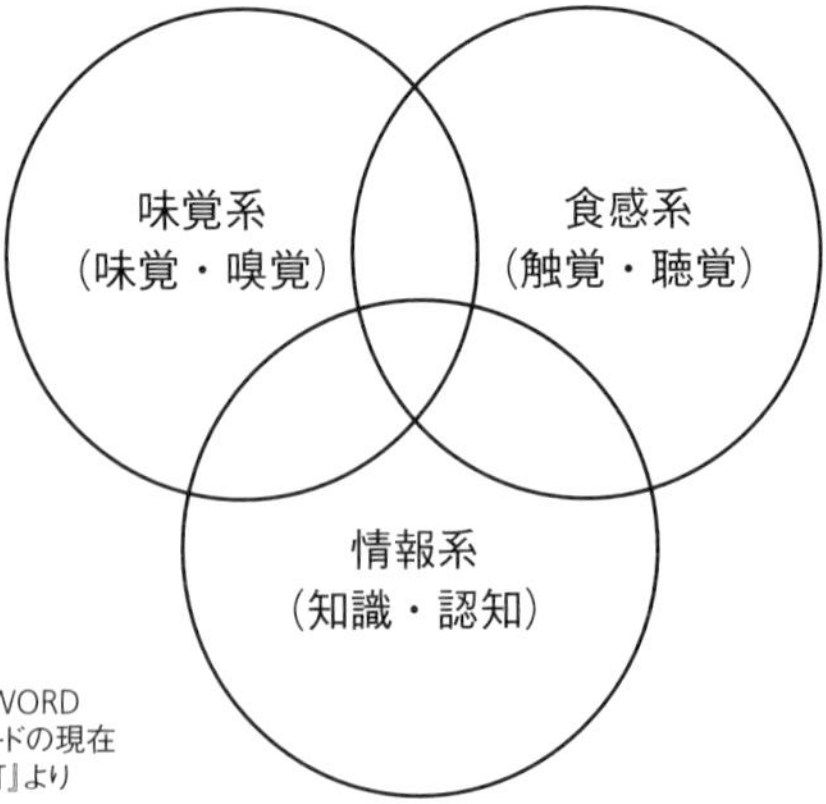

『SIZZLE WORD シズルワードの現在 2018改訂』より

栄養たっぷりだといっても、どのような味なのか見当がつかない。栄養だけなら、点滴でも間にあう。両者は、そもそも目的が異なる。

さらにもう少し比較しよう。『ＳＩＺＺＬＥ ＷＯＲＤの現在　２０１８改訂』という書籍では、おいしさを感じることばを三系統に分ける（**図1**）。味覚と嗅覚を合わせて味覚系、触覚と聴覚をひとまとめにして食感系、知識と認知を統合して情報系。たしかに三分法は受けいれやすい形を整えているが、味ことばを掲げる立場からはいくつかの問題がみえる。要点のみをあげよう。

①シズルワードのなかの視覚の位置。
②（味覚・嗅覚）、（触覚・聴覚）のペア。
③情報系の中身。

まず①について。五感と三分法を比べると、味覚と嗅覚は味覚系、触覚と聴覚は食感系に分類されるが、視覚の位置づけがわからない。視覚の表現は、シズルワードの実例から判断すると、情報系と味覚系に割りふられる。たとえば「ボリュームのある」や「見栄えのよい」は情報系、「口に広がる」や「深みのある」は味覚系に配置されるが、これらの表現は本来視覚に基づく。このように視覚の味表現は、三分法では情報系と味覚系に分散されて、表現の正確な系統がぼやけてしまう。またシズルワードでは、視覚表現のバリエーションが少ない。これは、広告や宣伝では写真やパッケージデザインで視覚に直接訴える表現をするため、ことばによる視覚表現はあまり必要とされていないからではないか。販売促進が目的ならば、これは仕方のないことなのか。

つぎに②について。味覚と嗅覚を味覚系にまとめることに、メリットがないわけではないが、他方で両者の個別的特徴がみえなくなり、二つの感覚の協力関係の様子もわからなくなる。嗅覚専用の味ことばが少ないので、これを補うためにどのような表現のくふうがなされるか、などにも関心が向かなくなってしまう。触覚と聴覚の統合（食感系）についても、ほぼ同様のことがいえる。

最後に③について。情報系には、実例からみるかぎり（安心、エコな、行列のできる、三ツ星、進化系など）、味覚系でも食感系でもない雑多なシズル表現が放りこまれる。ほとんどその他の類といえようか。それはともかく、この情報系は中身を整理する必要がある。味ことばの観点から次節で重要な部分を拾うことにしよう。

第二節　味ことば一覧

では味ことばの全貌をご覧にいれよう。その主な構成（四本柱）といくつかの具体例を示す。

①味評価表現――一般・味専用
②味覚表現――甘・酸・塩・苦・旨
③共感覚表現――視・聴・嗅・触
④味まわり表現――素材・調理プロセス・料理（食品など）・食べ手

①～④の要点を順に述べる。

①味評価表現

要するに味がいいのか悪いのか。総合的な判定をする表現である。一般的な評価語と味専用の評価語がある。

一般的なものに、良い、いい、すごい、高級な、絶妙な、抜群の、卓抜な、無類の、比類がない、天下一品の、一流の、上質の、上品な、究極の、など。ヤバイもこの類《たぐい》か。逆方向に、悪い、ひどい、貧しい、貧相な、下品な、みじめな、恐ろしい、どん底の、など。これらは、味以外にも使える一般的な評価語である。

他方、味専用あるいはそれに近い用語もある。「おいしい」と「うまい」はプラス評価の代表だが、「うまい」は女性にはやや使いにくいかもしれない（第四章）。プラス評価の例に、美味、味がある、ひと味違う、甘露、風味豊か、ウマウマ、ごちそう、よだれを流す、舌鼓を打つ、など。マイナス評価では、まずい、おいしくない、味気がない、味ない、味もそっけもない、ふつう、無味乾燥、など。

ここにはあからさまな比喩表現を含めていない。ただし慣用化した、たとえば「ほっぺたが落ちそうな」などは含めてもいいだろう。

②味覚表現

味表現の中心だ。すでに基本五味には触れたが、これを補うものを二つ紹介しよう。五味のひとつの塩味を補足するものとして「辛い」がある。辛みは舌をピリリと刺す刺激なので、痛みに近い触覚の一種とふつうみなされるが、唐辛子や生姜やカラシの辛味は刺激として味にも貢献するだろう。もうひとつは「渋い」であり、これは苦味に似た性質をもつ。代表は渋柿の渋み。これらを加えると五味が拡充する。

だが甘味ひとつとってもその範囲は広大だ。開高健はいう――「おなじ甘いといわれる甘さのなかにも無限の変化があって、アンミツの甘さもあれば極上の玉露の甘さもある」（『食の王様』）と。修飾語を伴って「ほんのりと甘い」「甘さひかえめ」という上品な甘さもあれば、上質なチョコレートの「濃厚な甘さ」もある。

さらに甘さは、身体の維持にとって重要な要素なので、他の味と結びついて複合表現をつくる。「甘酸っぱい」や「甘辛い」はよく使われる表現だ。「甘苦い」や「苦甘い」は、あまり耳慣れない表現だが、味そのものは存在していて、ビターチョコレートなどにその例がみられる。「甘辛い」について一言足すと、この表現はもちろん味つけの基本のひとつだが、粗目《ざらめ》のついた煎餅のように、甘味と辛味（塩辛い味）とは対立しつつも調和する。おはぎに少々塩を加えれば、甘さを引き締める役割をも果たす。天然の塩には旨味と同時にかすかな甘みも感じられるのではないか。これに対して従来の食卓塩の塩は、ただ塩辛い（しょっぱい）だけだ。

他方「甘酸っぱい」料理の代表は酢豚や油淋鶏《ユーリンチー》などだが、甘さのなかに酸味を感じる果物ならいくらでもある。鮮度の高い上質のリンゴやミカンは、甘さをぎゅっとまとめる爽やかな酸味を含む。果物のおいしさにはこの甘と酸の絶妙のバランスがある。そういえば、渋柿をかじった瞬間に甘味が感じられるのは、渋柿といえどもやはりある程度の糖度を秘めているからなのだろう（熟すと渋みが抜けて甘くなるものがある）。

③共感覚表現、再び

共感覚表現の成りたちについては、すでに述べた。さらにいくつかの実例をみよう。そのときとくに視覚の共感覚に注目しておきたい。やはり見た目のおいしさは無視できないから。

たとえば、これも定番表現のひとつだが、「こんがりキツネ色に揚がったクリームコロッケ」。「こんがりキツネ色」は揚げ具合がちょうど適切であることを色（視覚）で知らせる。

鰻重でも焼き色は味覚にとって大事である。

それではいただきましょうと、先ず重箱の蓋を取ると、濃い琥珀《こはく》色と淡い黄褐色が混じり、全体が蒲色《かばいろ》となった蒲焼きが二枚、飯の上に横たわって重箱全面に被さっていた。蒲焼きの表面は、ところどころに小さな焦げ目が付いていて、その下の方はやわらかそうでポテポテとしている。

（小泉武夫『小泉武夫の 味覚極楽舌ったけ』）

このあとも著者は、微に入り細に入り重箱の隅々まで味わい尽くし、「どこにも隙の無い鰻重は永久不滅の味がした」と締める。食欲をそそる色味と小さな焦げ目がたまらない。村上春樹は「柿ピーを食べること」を「半永久運動」だという。ピンとくるだろうか。

柿ピーのことは知ってますよね？　ぴりっと辛い柿の種と、ふっくらと甘い香りのあるピーナッツが混じっていて、それをうまく配分し、組み合わせながら食べていく。誰が考えたのか知らないけど、よく思いついたよね。ちょっと普通では考えつかないとりあわせだ。

（村上春樹『村上ラヂオ３』）

たしかに柿ピーはやめられない止まらない。その「ふっくらと甘い香りのあるピーナッツ」は、分析的に考えるとけっこう複雑だ。柿ピーそのものよりも。形のうえからいえば「ふっくらと」は「甘い」を修飾する副詞だが、意味的には「香り」にもかかりそうだし、さらにピーナッツにも影響するのでは。「甘い」だって「香り」を修飾しつつ、視線の先にはやはりピーナッツが待っている。修飾関係はしばしば流動的だ。それはともかく、「ふっくら」はおもに視覚（触覚も少し入る）、「甘い」は味覚、これらが嗅覚の「香り」を修飾して共感覚表現ができる。このエッセイのタイトルは「柿ピー問題の根は深い」だが、たしかに柿ピーは奥が深い。香りに誘われて、もうひとつ、新生姜の例をみよう。

すがすがしくて、新鮮で、少しトゲトゲしていて、どこか湿った土の匂いがして、なんだか少し懐かしく、心が洗われるような思いがし、体のどこかが癒されるような感じもあって、それら全部が「あ、いいな」になるんだと思う。

（東海林さだお『東海林さだおの味わい方』）

ここにも多様な感覚表現が集まっている。「すがすがしく」は「さわやか」に近く、味覚と触覚に関わり、「新鮮」は後述する味まわり表現で、とくに素材の特性を表す。さらに「トゲトゲして」はもともと触覚、「湿った土の匂い」は嗅覚、「懐かしく」は時間と空間を超えた味の記憶、「心が洗われるような思い」と「体のどこかが癒されるような感じ」は比喩（「ような」をともなう比喩はシミリー［直喩］）に基づく。これらが「あ、いいな」という総合的な評価をうむ。

④味まわり表現

前頁の「新鮮」、あるいは「新鮮な」は味まわり表現の一例である。もう少し例を挙げて味まわり表現を説明しよう。一流シェフの味、三ツ星レストランの味、一〇〇時間煮込んだ味、手作りの味、できたての味、ほっとする味、昔の味、北海道の味。これらはすべて料理や食品そのものの味ではなく、味を取り囲む環境・状況の表現である。

そもそもある味を作るには、素材（食材）を用意し、作り手が一定の設備の整ったところで、必要な道具を使って調理する。そして料理・食品ができると、食べ手が口にして、ある感想を述べる。この一連の流れはつねに時間と場所を伴う。この全体状況のなかで、味に貢献する注目すべき部分をことばにする。

要するに、味まわり表現とは、

　味のまわりにあって、味の形成に参加するものの特性の表現

である（**図2**）。

①〜③をまとめて食味表現と呼ぶ。すると④は、食味表現と時間的・空間的に隣接関係（隣り合った関係）にたつ。たとえば「おいしいうどん」を作るには、素材に妥協せず、手打ちに

図2　味ことばの構成

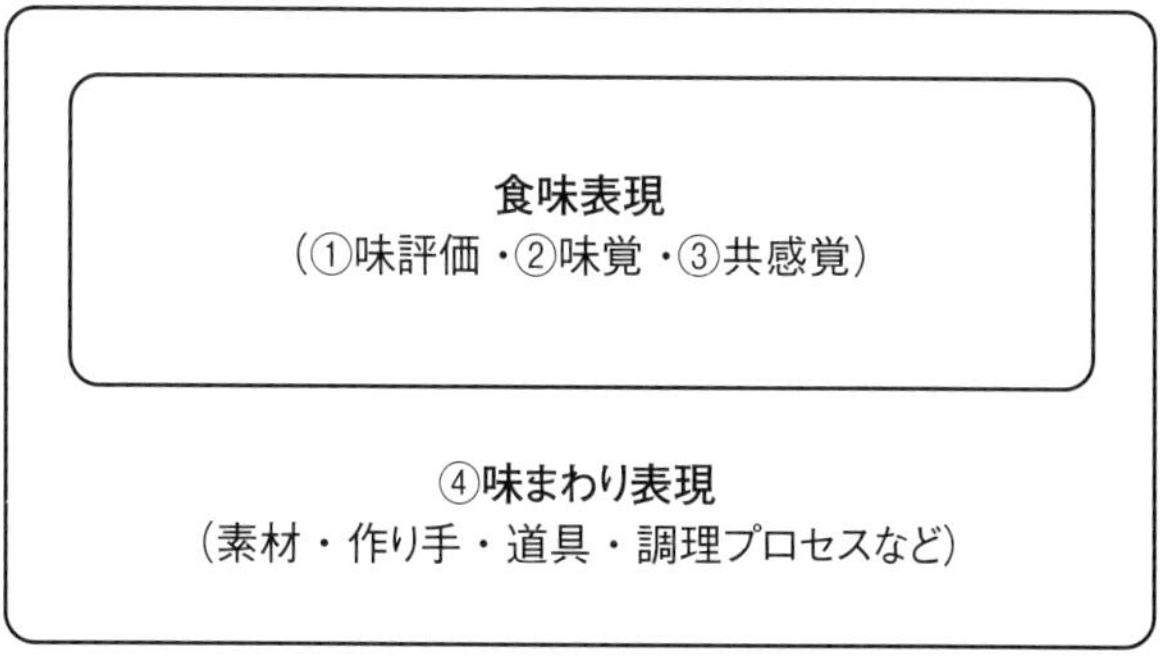

こだわり、その結果、これもたとえばの話だが、「国産小麦一〇〇%の手打ちうどんの味」と表現する。おいしいうどんと素材・調理プロセスとは隣接関係にあり、時間的・空間的な一連の流れのなかで、原因（素材）―プロセス（調理）―結果（料理）の隣接連鎖を形成する。より詳しいことは第二章で展開しよう。

第三節　各章のメニュー

序章は、味ことばの基本を述べてきた。が、いわば前菜みたいなもので、メインディッシュはこれからである。本論は二つのコースに分かれて、第1部は「ことばの味――ことばから味へ」、第2部は「味のことば――味からことばへ」で、それぞれ四つの章からなる。

第一部は、おもにことばの側から実際の味を探るのが狙い。まずことばありき。その表現は何を意味して、どんな味を志向するのか。

第一章は「コク・キレ・のどごし」。いきなり味の中核へ。「コクがあるのに、キレがある」のコピーは有名だ。だけど、よく考えるとどんな味なのか。「コク・キレ」に「のどごし」が加われば、もちろん視線はビールのジョッキにむかう。が、コク単独がどんな味なのかというと、科学的アプローチはできるが、ことばではどう説明すればいいのか。なかなかむずかしい。だが、意外な方面から助っ人が手を伸ばす。ことばの分析だからこそできる方法が、うまくあなたを「コク」の味の解明へと導く。

第二章は「『生《なま》』の味と魅力」。「生」の人気は根強い。生ビールだけではない。生チョコレート、生クリームなどはいまや当然。さらに生プリン、生チーズケーキ……生バウムクーヘン(焼いていないのか?!)、生味噌、生醬油《なましょうゆ》、さらには生原酒にも生が使用される。生と味との関係には長い歴史がある。またこの章では、味ことばの構成にもページを割いて、「味まわり表現」がどのようにできているのかも具体的に説明する。序章を補うイントロ的部分も含むので、あわせて読めば味ことばの全貌がよくわかるだろう。

第三章「味の『宝石箱』のヒミツ」は、ことばによる味の表現の根幹を明らかにする。同時に、この章は比喩——とくにメタファー(隠喩)——の仕組みの基礎を解説する。序章でも触れた問題だが、ここではより深く重点的に。たとえば「いい味が出てるね」という。こんなところにも比喩が潜むことに気づくだろうか。というのも「味」が「出る」には、その少し前は「味」が素材などの中に隠れていた、あるいは内に身を潜めていたことになるはずだ。その味が外に出たり、料理人によって「引き出され」たり。味がひとつのもののように移動する。このあたりの表現のあやを解きあかそう。

　第四章「女の『うまい』・男の『おいしい』――男性しか『うまい』と言わないのか？」は、味ことばでもっともよく用いられる「うまい」と「おいしい」に集中して、その特徴を明らかにする。えっ、そんなことわかりきってるのでは、と思われるかもしれないが、意外にもあやふやなことが多い。データは漫画を中心にテレビ番組からもいただく。思いこみが覆されるはずだ。女と男では使い方に差がでることも注目点のひとつ。

　第二部は、味からことばへという方向に舵をきる。まず味は口中にあり。これをことばでどう表現するか。あるいはことばのみならず、他の表現方法も考える。

　第五章「マンガな味――ジャンルに根ざした味覚の表現」は、そのような試みのひとつである。漫画で味を表現するにはどのような手段があるか。ここが焦点だ。ふつう考えられるのは登場人物のセリフ、つまり吹きだしだろう。ところがグルメ漫画は吹きだしだけでは満足しない。そこでモノローグ――おもに主人公の心のなかでの反応や述懐――を利用したり、味のイメージを心象風景として描写する手段にでる。その実態と必然性はいかに。

第六章は「カレーなるおいしさの表現」。カレーはとっくの昔に国民食だ。国民食となった「カレーライス」からその種類はどんどん増えていき、見た目もさまざまである。スパイスをふんだんに配合したさらさらタイプ、ワインで煮込んだ濃厚タイプ、大きな野菜がごろごろのスープタイプ、色も赤や黒や黄に緑。さてこれらの味をどう表現するか。辛い甘いだけではもちろん許されない。

第七章は「ラーメンの味ことば」。どちらかというと西はうどんが優勢、東はそばが人気だが、ラーメンは全国区だ。またそれがたいそうくふうに富む。北海道だけでも醬油、味噌、塩で地区をすみ分ける。ラーメンのスープはタレとダシで基本が決まるが、その種類や配合の比率は千差万別。麺もトッピングもほとんどやりたい放題。別名中華そばの人気も地域によっては驚愕の味を提供してくれる。これをどう表現するか。

第八章の「お菓子のオノマトペ」が最終章である。オノマトペとは擬音・擬態語のこと。たとえばポッキーの巧みなネーミングをみよ。ポッキーにはポキッという擬音がはいっている。細く、軽く、乾いた音だ。同じくロングセラーのハイチュウもオノマトペを感じさせるだろう。グミはほとんど嚙み応えに特化した商品である。これは触覚の一部のテクスチャーに関係する。シコシコ、コリコリなどがその例であり、しばしば聴覚とも連動する。味世界でのオノマトペの広がりに気づくと驚くはずだ。

本論はすべてで八章だが、そのつなぎに短いコラムを用意した。箸休めとしてあわせて楽しんでいただければありがたい。おや、ちょうどいまいいぐあいにメインディッシュの一品目が運ばれてきました。では熱いうちに召しあがれ。

引用文献

※著者名五十音順（以下の章も同様）

・開高健、二〇〇六年、『食の王様』、角川春樹事務所・グルメ文庫、八七頁
・喜多みどり、二〇一八年、『弁当屋さんのおもてなし　甘やかおせちと年越しの願い』、角川文庫、三七頁、七八頁
・小泉武夫、二〇一九年、『小泉武夫の　味覚極楽舌ったけ』、東京堂出版、二〇頁
・東海林さだお、二〇〇三年、『東海林さだおの味わい方』、筑摩書房、一八〇‐一八一頁、一九四頁
・B・M・FTことばラボ・編、二〇一八年、『SIZZLE WORD／シズルワードの現在２０１８改訂』、B・M・FT出版部
・丸谷才一、一九七九年、『食通知つたかぶり』、文春文庫、一二七頁
・村上春樹、二〇〇三年、『村上ラヂオ３』、新潮文庫、四二頁
・村田吉弘、一九九九年、『京料理の福袋』、小学館文庫、五〇頁

〔第1部　ことばの味——ことばから味へ〕

第一章　コク・キレ・のどごし

宮畑一範

コク・キレ・のどごしは、日常的によく使う語だ。しかし、どういうものかと問われると返答に困る。実際には私たちはそれらを話題にして語るのだが。つまり意識下ではちゃんとわかっている。この章では、私たちが使用する言語表現を観察することで、私たちがそれらをどう理解しているのかを明らかにしよう。

まず、コク・キレ・のどごしと聞くと、飲まない人でもビールが頭に浮かぶのではないか。ビールについてこの三者の関わりをうまく説明する一節を引用しよう。

コクとは、濃厚な味わいがあり、かつ柔らかな口当たりのあることをいう言葉。一方、キレは、爽快な味わいとメリハリのある喉越しのことをいう言葉。つまりグッと来てスッと引く感じ。

（小泉武夫・編著『吾輩はビールである』）

濃い味が口中を満たし（コク）、それがさっと消え去り（キレ）ながら、食道をころがるように心地よくすぎる（のどごし）、という一瞬の連携。ゴクゴクいけばほんの二、三口の悦びで終わるところを、ことばのふるまい（個々の場面で実際に使われる表現）をとおして、それぞれじっくり味わいたい。

その際注目すべきは、「コク」「キレ」「のどごし」がほかのどんな表現と相性がいいか、つまり結びつきやすいか。これを共起という。たとえば「コク」はビーフシチューと共起しやすい。「コクのあるビーフシチュー」というように、コクとビーフシチューは共に起こる確率が高い。ここから「コク」の意味に迫ることができる。

この全体的な分布・傾向は、主に「現代日本語書き言葉均衡コーパス」（BCCWJ、以下「Bコーパス」）に基づいておさえる（「Bコーパス」は、現代日本語の書きことばの全体像を把握するために、「国立国語研究所コーパス開発センター」が作った電子資料で、一億語以上からなり、オンラインなら誰でも無償利用できる）。さらに、料理のレシピサイトの表現や、飲食物の説明文、食エッセイなどの文章も利用する。

第一節　コクとは

コクを科学的に分析すると、甘味＋旨味＋油脂が中核をなし、それに空間的な広がりと時間的な経過が深く関わる（伏木亨『コクと旨味の秘密』）。これは、言語表現をとおしてみえる実体とどれくらい関係があるだろうか。Bコーパスで「コク」を検索してヒットする用例のうち、飲食物に関するものは三六七例ある。これらにみられる言語使用から、まず私たちがコクをど

表1　ことばからみたコクの認識

存在	有	コクがある	70
		コクのある	83
	無	コクがない	3
		コクに欠ける	2
		コクが足りない	1

※「Bコーパス」より検索、宮畑一範が表作成。
表2～5も同様。

うとらえているかを確認しよう。

コクの有無

あたりまえすぎて見逃してしまいかねないが、コクには姿形がない。それをまず私たちは実体のある物として見たてることで「存在物」と認識する。「コクがある／ない」と言語化するのはその現れである。存在して当然だと思う物がなければ「欠ける」「足りない」ととらえるのも必然だ。Bコーパスによると**表1**のように、四割を超える（約四三％）言語表現がその有無を語っている（三六七例中、有一五三、無六）。「ある」に大きく偏るのも特徴的だ。私たちにとってコクは「ある」ことが大きな意味をもつ。

コクは出・加・増

コクは最初から「ある」わけではない。「ない」から「ある」への状態変化が必要だ。私たちはコクに関して、存在するようになる、をどう表現するか？　たとえば「コクが出る」と。

表2　ことばからみたコクの現れ方

出			
コクが出る	30	コクを出す	18
		コクを引き出す	1
コクが生み出される	1	コクを生みだす	3
コクが生まれる	2		
加			
コクが加わる	4	コクを加える	1
コクがプラスされる	1	コクをプラス（する）	3
		コクを足す	1
		コクをつける	4
		コクを補う	1
		コクを持たせる	1
増			
コクが増す	2	コクを増す	3
コクがアップ	1		
コクが深まる	2		
コクが強まる	1		

あるいは私たちが働きかけて存在するようにすることをどう表現するか？「コクを引き出す」など。Bコーパスの答えによると**表2**の分布のように、「出」「加」「増」の三つが代表的である。コクの程度が増すのを「深まる」「強まる」ととらえる点にも注目。あとでふれるコクの特性と対応する。

では、コクはどんな素材や調味料によって感じるようになるかに着目すると、Bコーパスのなかでは次のような例が目にとまる（働きかけに波線、コクの現れに傍線）。

あれば生クリームを足せば、コクがでてより美味しくなりますよ。

（Yahoo! 知恵袋）

その他、「油を加えると、コクが加わっておいしくいただけます」「火を止める直前にバター大さじ一を落として溶かし、コクをつける」「みそでコクをプラスしちゃお！」「ほんの少しオイスターソースを入れると、コクが深まります」など、コクがどうなる、コクをどうするという表現とともども、私たちが日常的に使う言い回しである。

Bコーパスにみられる代表的なコクを生みだす源は（内訳の数字は二例以上みられる用例数）、油脂（成分）二〇［ラード四、ごま油三、脂二など］、乳製品一九［バター八、生クリーム二、チーズ二など］、糖類九［黒糖二、砂糖、三温糖など］、発酵熟成調味料六［味噌三、豆豉《トウチ》（黒豆を発酵させた中華調味料）、オイスターソースなど］。油脂成分と乳製品が圧倒的に多い。乳製品も乳脂を含むという意味では油脂と考えてよいだろう。それほど脂分がコクを生む主軸だということだ。糖分と発酵熟成調味料も重要な要因といえる。牛乳などに含まれる乳糖は甘味と、チーズなどは発酵した風味とのつながりもありそうだ。言語表現からみると、コクは油脂成分を主とし、甘味と発酵熟成により濃縮された味とが両脇を固めているといえる。この関係は**図1**のように示すとわかりやすい。

図1　ことばからみたコクの成りたち

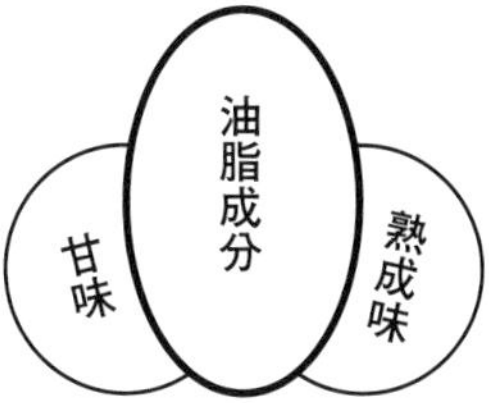

コクは深・豊・濃

さて、コクそのものがもつ特性はどうだろう。Bコーパスで表現の結びつきやすさ（共起）をさぐろう。「Aなコク」とコクを限定するタイプと、「コクがAだ」とコクに関して述べる叙述タイプ（「コクは「も」…」なども含む）それぞれにみられるAの分布は**表3**のとおり。垂直下方向への距離である「深い」、空間を占める体積（ボリューム感）に関わる「豊かな」、色合いが黒っぽい「濃い」によりおもに特徴づけられる。

表3　ことばからみたコクの特性

限定タイプ（Aなコク）			叙述タイプ（コクがAだ）	
深い	8	**深**	深い	3
豊かな	5	**豊**	豊かな	2
濃厚な	4	**濃**		
重厚な	1			
芳醇な	1			
力強い	1		強い	3
しっかり(と)した	3			
繊細な	1			
きめ細やかな	1			
まったりした	1			
まろやかな	1			
やさしい	1			
			弱い	1

「濃厚な」「重厚な」に含まれる「厚」による見たては、ある面に対する垂直距離という点で「深い」の見たてと共通する。また、「重厚な」の「重」は体積の豊かな物の量感と結びつく。「(力)強い」「しっかり(と)した」も、建築(構造体)のメタファーに基づいて、体積的な大きさと対応するといえる。分布が少ないものも、主要なとらえ方と密に関連していることがわかる。コクに対する私たちの見方がいかに一貫しているかという現れだ。

「コク」の語源は「濃」あるいは「酷」とされる。「濃」は濃い味、「酷」は(「酷《ひど》い」というイメージとは異なり)長期熟成を意味する。いずれにせよ、私たちがとらえるコクのもつ特徴をよく物語っている。

コクの立体感

「コク」と結びつく特性を見わたすと、私たちはコクを深さ、厚み、体積があり……一言でいうと、頭のなかで(たとえ無意識にせよ)立体物として認識していることがわかる。私たちは、もともと味そのものを「大味」「重層的な味」「味がふくらむ」のように立体ととらえており、そのとらえ方のなかでコクはどのような(もしくはどのように)立体を形成すると認識されているのだろうか。

まず、Bコーパスにもみられる「深まる」。実例を首都圏のとあるラーメン店の「しおらー

めん」評から引こう。（以降傍線は筆者）

仕上げに注ぐ鶏油によって、コクが一層深まる。

（ゲットナビ編集部・編『つけ麺＆まぜそば 名店100 首都圏版』）

コクが味の底に向かって形成される様子がわかる。コクの形成は下方向だけでなく、水平方向でも起きる。梅錦ビールの「ボック」（黒ビール）の紹介文より。

ローストした麦芽の豊かな香り、ホップの苦味、そしてアルコール度数7％を超える強いコクが口の中に広がる。時間をかけてじっくり味わいたい。

（友田晶子・監修『ツウになる！ ビールの教本』）

この引用例に含まれる、時間をかけてじっくり味わう点にも注意したい。先ほどの「深まる」もそうだが、「広がる」には時間経過が必要だ。そして「深まる」「広がる」という二つの現象が同時に起こると立体感を生み、私たちは必然的に奥行きを感じる。

図2　ことばからみたコクの正体（イメージ図）

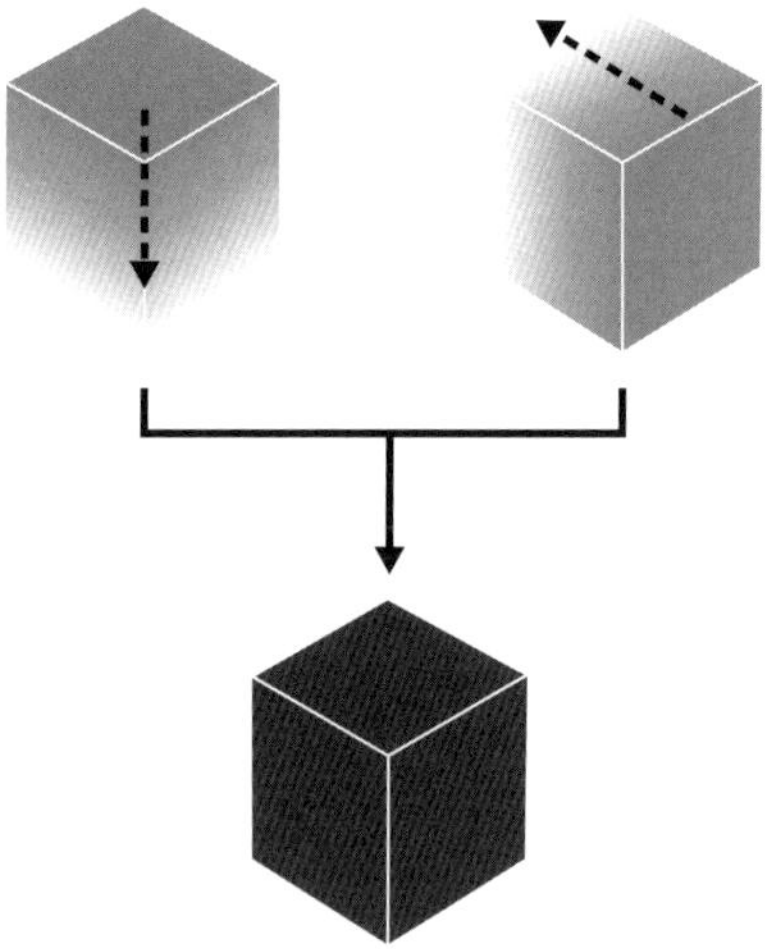

ピリッと効いたカレー味に、パルメザンチーズのコクが奥行きを与えています。
（Kraft『Kraft Cheese Recipe』「きのこのサラダ」）

奥行きをあたえる味がコクの見逃せないポイントなのだ。

時間が経つにつれ、味が水平・垂直下方向に同時に広がって立体感を生みだし、その立体を満たしていけば、当然その味わいは増す。コクの正体みたり！　わかりやすく示せば、図2のように表せよう。まさしくこれが私たちの感覚がとらえるコクのすがただ。

　垂直方向の深さとは、味が薄っぺらな表面だけのものではなく、多層的であるということだ。つぎつぎと新たな味の層が現れて舌を楽しませる。またひとつの層（のそれぞれ）に厚みがあれば味が持続する。さらに水平方向への味の展開とは、垂直面の味の変化が口の入口あたりから奥へ向けて維持されて進み、かつ口内の中ほどや奥でしか感じられない味も感知するということである。
「味香り戦略研究所」の調査結果（二〇一五年）によると、消費者が「コク」商品を選ぶ理由（自由回答）にもっとも多く含まれるキーワードは「深み・奥行き」とのこと。また同調査では、作る際にコクを意識する料理トップ3は、煮物、カレー、スープと結果が紹介されている。

私たちがコクに求めるのが、煮込んで深みのある濃厚な味であることがよくわかる。今ことばの使われ方から明らかになったコクのすがたと私たちの認識の一致が興味深い。

表4　ことばからみたコクの相方

コクとX			Xとコク	
香り	2	香	香り	8
			香ばしさ	2
風味	4		風味	2
芳香	1			
旨み	8	旨	旨み	2
うま味	2			
うまみ	1		うまみ	1
甘み	3	甘	甘み	4
			甘さ	1
		深	深み	5
丸み	1	丸		
まろやかさ	2		まろやかさ	1
キレ	3			
苦み	1			
渋み	1			
			辛さ	2
			とろみ	1
			なめらかさ	1
味	1			

コクとX・Xとコク

つぎに「コク」と並置されることばに着目しよう。その結びつきの強いものは、不可分とまではいえなくとも、つねに伴走する関係にある。並ぶ順は二とおりあるので、「コクとX」「Xとコク」のそれぞれのパタン（実際の連結は「や」なども含む）でBコーパスにみられる分布を確認しよう。前の頁表**4**がその一覧である。

特徴的なのは、香りと旨みとの結びつきが突出して多い点だ。香りとコクは嗅覚・味覚の異なる二つの感覚で味わうコンビ、旨みとコクは味覚で味わうセットだといえる。

コクうまの魅力

「コク」と旨み（「うま味」「うまみ」を含む）との結びつきを比べると、「コクと旨み」一一例に対して「旨みとコク」三例と大きな偏りが認められる。Google検索（二〇二一年三月一三日、以下同）でも「コクと旨み」七六九、〇〇〇件に対して「旨みとコク」は三四九、〇〇〇件、またクックパッドのレシピタイトル・概要をみても（二〇二一年二月一六日検索、以下同）「コクと旨み」が含まれるもの四〇五品に対して「旨みとコク」は一八六品と、同様の偏りがみられる。「コクと旨み」はたんなる並置をこえて、「コクのある旨み」の意味を担うケースも多いと思われる。

実際、料理や調味料の商品名やキャッチコピーとして、「日清デカうま濃厚コク旨醤油」（カップ麺／日清食品）、「ガルボ（galbo）こく旨キャラメル」（チョコレート／明治）、「豚しゃぶのコク旨胡麻ドレサラダ」（セブン‐イレブン）、「コク旨！　バターチキンカレー」（ファミリーマート）、「大盛！　コク旨ナポリタン」（ローソン）のように、「コク［こく］旨」は定型句のごとく使われる。クックパッドのレシピタイトル・概要でも「コクうま」が含まれるものは三三一五品（「うまコク」は一六品）みられるなど大人気の様相。美味を訴求する魅惑のシズルワード（購買意欲を高める表現）と化している。

とろみとコク

最後に、Ｂコーパスでは一例だが「とろみ」との相性も見逃せない。とろみは味をまとめるので、濃く感じると同時に、口内に長くとどまり余韻を残す。つまりはコクを感じる。だから私たちはとろみがなく水っぽい物はコクがあると感じない。たとえばインドのカレーを評して――

本場インドの〝カレー〟はたいていがサラサラと水っぽく、コクがあまりない。代わりにスパイスが立っている。旨味がないとぼやく旅人もいるが、スパイスの香りや調和を意識しながら食べると、別の奥深さが見えてくるような気がする。

（石田ゆうすけ「ジョディのカレー」）

とろみがないとコクがない、コクがないと旨味がないと感じる人がいても不思議はない。そういえば、パスタのトマトソースも、水っぽいと味がぼやけてただ酸っぱいだけでおいしくない。オリーブオイルをたっぷり使い、煮込みは弱火でじっくり時間をかける。するととろりと濃厚コクうまトマトソースのできあがり！

第二節　キレとは

前節の**表4**でBコーパスに「コクとキレ」の結びつきが三例あることに気づいた人がいるだろう。いまではこの二つが並んでも気にならないが、本来的には相反するものだ。冒頭のビールの例でみたように、コクは口の中に広がり余韻を残す、キレとは風味がスッとなくなる心地よさ。持続で味わうコクと瞬時に消えるキレとはある意味で正反対である。

「スーパードライ」（アサヒビール）は、この二つをうまく合わせたキャッチコピー「コクがあるのに、キレがある」を採用して、消費者の関心を引きつけた。コクとキレの共存を定着させるのにひと役買ったはずだ。

では、本来はコクとは両立しない「キレ」のすがたにことばから迫ろう。

キレの多義

「キレ」は「切れる」の名詞形だ。その意味には、刃物でスパッと切れる特性が効いている。「スパッと」は瞬時を意味し、また気持ちよさも表す。切れのいい包丁を使うと肉でも野菜でも気持ちよく切れる。

スポーツなどの動きのキレは、キビキビと軽快で小気味よい様子。怒ってキレるのは褒められないが、頭がキレるのはとっさに知恵がまわって賞賛に値する。心地よさのない場合もあるが、一瞬という意味あいはどれにも共通する。

味ことばとしての「キレ」は、瞬時・気持ちよさの両方の特性を引き継ぐ。口の中に（よけいな）味が残らずに一瞬で消える。それがキレ（のよさ）なのだ。この点をさらに実際の表現で確認しよう。

キレがある・キレがいい

「キレ」は多義語なので、Bコーパスの味に関する「キレ」は三五例と少ない。しかしその少ないなかでも「キレが（の）ある」一四例、「キレが（の）良い（よい、いい）」八例、「キレの良さ」二例が含まれるのは、特徴的だ。Google検索で調べても「味にキレがある」一二、五〇〇件に対して「味にキレがない」七、二五〇件、「キレの良い味」一二、一〇〇件に対して

「キレの悪い味」三一七件という偏りが確認できる。コクと同じく、キレも存在物として見たてられていて、「ある」ことが、そしてそれが「いい」ことが意味をもつ。

キレはさっとなくなる気持ちよさ

飲食物には味がある。無味ほど味気ないものはない。しかしその味も、口中に適度に残るのなら余韻を楽しめるが、とどまりすぎると邪魔になる。そうならないよう、長く口中に残らないのがキレ。最後にすばやく消える。つまり味わいの打ち止め、いわば終止符《ピリオド》だ。実例では「後味」と「キレ（がある）」が結びつくことも多い。引用は加工乳の評価から。

色は薄いですが後味にはキレがあり、企業努力が感じられます。

（長崎美香・編『TEST the BEST 2021』）

ひとつの味なら、感じる味がどれだけすぐになくなるかでキレが決まる。複数の味が関わるなら、ある味が別の味のなかにぱっと生じてさっと消えることが重要だ。では、どんな味がこのキレを生むのだろうか。

長続きする味、しない味

基本五味を考えよう。甘味・塩味・酸味・苦味・旨味の五つ。並べると同列に思えるが、それぞれ感じ方は異なる。甘味と苦味はゆっくり感じて長く続く。旨味は口に含んですぐに感じ、長く持続する。酸味は口に含んだとたんにぱっと口の中に広がり、すぐに消える。塩味はそれよりやや長く持続するものの同じく早くなくなる（日本味と匂学会・編『味のなんでも小事典』、山本隆『美味の構造』、鈴木隆一『「味覚力」を鍛えれば病気にならない』）。

これは実体験に照らしてもじゅうぶんうなずける。甘いアイスクリームの味は、食べているときはおいしく感じても、食べ終わってから口中に甘ったるい印象を長く残すことがある。ビターチョコレートは、口に入れたときにはそれほどでもない苦味がじわじわと感じられ口の中に残る。旨味は、口にした瞬間に「うまっ！」、そしてその余韻にひたって楽しむことが多い。

これに対して、梅干しは、口に入れたとたんに強烈に酸味を感じるものの、唾液が大量に出てすぐに薄れる。塩味は含まれるミネラル成分によって味わいが異なるけれども、たとえばカツオのたたきを塩で食べるときを思いだすと、最初にぴりっと舌に塩味を感じ、ほどなくほどけるようにカツオの味のなかに消えていく。ぱっと感じて、さっと消える。じつはこれが食べ物の味にキレを生む大事な要因なのだ。

酸味・塩味とキレ

キレを生む代表格が酸味であることは、さまざまな新開発の商品や店の自慢の一品などの売り文句に多くみられることからもうかがえる。Google で検索しても、五味のなかで、たとえば「酸味でキレを」のヒット数が二四、二〇〇件と他の四味との結びつきを圧倒する（苦味二三、塩［味］五、甘味三、旨味〇。苦味はすべて日本酒かビールに関するもので、特定の味［変化］に対する評価語として用いられる）。

いくつか具体例を引用しよう。「2018 YEBISU BEER×EBISU FOOD」というイベント参加店の一推《いち》し料理の宣伝文より。

乾煎《からい》りした魔法の香辛料とニンニク生姜が香りを加え、レモンの酸味でキレをだす。

（キッチンわたりがらす「タンドリーチキン」）

もう二例をプレスリリースから。ひとつは「モスバーガー」のリニューアルしたミートソース、もうひとつは「雪印メグミルク」の「重ねドルチェ　ベリーベリーレアチーズ」の説明文。

液体塩こうじで旨みやコクを、煮詰めたお酢によってソース全体の味にキレを出し、さらににがりを少量入れることで味に奥深さをプラスしています。

(MOS NEWS)

ヨーグルトのフレッシュな酸味でキレを、マスカルポーネでクリーミーなコクを出しています。

(雪印メグミルク　プレスリリース)

レモンに酢、ヨーグルト……酸味はキレを生むのに大活躍だ。

一方塩味は、先にみたように Google 検索でもほとんどヒットしないが、プロの料理人は「味にキレを出すのは、塩」と言いきる(小田真規子『菜箸のひもを切ると料理はうまくなる』)。料理の素人とプロの塩に対する意識の違いが大きいのだろう。商品説明などには散見される。たとえば、楽天市場で「ベビースタードデカイラーメン　うましお味」(おやつカンパニー)を評して——

食べるほど旨味が蓄積しつつ塩味がキレを出すので連食性がそそられます。

(楽天市場「ベビースタードデカイラーメン　うましお味」)

一般の認知度は低くとも、塩味は陰でキレを生む黒子なのだ。

辛みとキレ

味覚神経で感じる五味とは違い、ピリッとした辛みは痛覚（や温度覚）で感じる刺激だが、これもキレを生むのによく用いられる。まず、商品の紹介文から引用しよう。湖池屋のポテトチップス「KOIKEYA PRIDE POTATO 魅惑の炙り和牛」のプレスリリース。

厚く切った高級和牛を炭火で炙ったような、香ばしくてジューシーな旨味に、黒胡椒で味にキレを加えた濃厚な味わいが楽しめます。

（湖池屋 プレスリリース）

湖池屋は二〇一九年には、ポテトチップス「のり塩」では隠し味として使う唐辛子を増量したキレ味シャープなニュータイプとして「キレ味のり塩」を発売。袋のコピーは「唐辛子UPでキレUP」と謳う。そんな唐辛子は料理でも活躍する。レシピの説明文より。

しょうゆもろみのドレッシングにはごま油のコクが相性良し。〔一味唐辛子少々で〕ちょっと辛味をプラスして、こっくりしたもろみの味にキレを加えます。
（キッコーマンこころダイニング「季節野菜のピリ辛もろみドレッシングサラダ」）

ホット系（不揮発性＝鼻にツーンとこない）の辛みの代表格である唐辛子や胡椒以外では、ややシャープ系（揮発性＝鼻にツーンとくる）寄りの生姜もみられる。マルコメのフリーズドライ味噌汁の紹介文から。

昭和21年創業の日本料理の老舗「つきぢ田村」の三代目料理長が監修するのは、紅ずわいがにを贅沢に使用し、生姜であと味にキレを持たせた『FDつきぢ田村 蟹汁』、（後略）
（マルコメ ニュースリリース）

シャープ系（揮発性）の代表格であるわさびやからしが味にキレを生むこととあまり結びつかないのは、刺激が強すぎるからだろう。鼻の粘膜にツーンとくるのは「キレすぎる」のだ。香辛料は揮発性のものも、不揮発性のものも量が多いと不快な痛みや熱さを感じるが、適量だと味覚のよい刺激になる。痛覚を一瞬だけ（心地よく）刺激して消えるのは、その見たてどおりやはりキレである。

第三節　のどごしとは

のどごしは、コクやキレとは違い「ある」「ない」とはふつういわない。存在物として見たててとらえていないのだ。KIRINのいわゆる第三のビール、その名も「のどごし〈生〉」のキャッチコピーは「ゴクゴク飲める、爽快なうまさ」。「のどごし」の売りが、のどの通りのよさ（ゴクゴク）と心地よさ（爽快）であることがうかがえる。はたして日常のことばづかいからみた「のどごし」の正体やいかに？

のどごしは滑・軽・快

Bコーパスには「のどごし」の実例（「喉」「ノド」「越し」表記の組み合わせを含む）が九五例収録されている。そのなかで「のどごし」を特徴づける表現との結びつきの分布を、限定（「Aなのどごし」の形）・叙述（「のどごしがAだ」の形）のタイプ別に示したのが**表5**である。一言でいうと「のどごし」とは「滑」「軽」「快」、つまり飲食物ののどの通りが滑りよく軽やかに感じられて心地よい様子である。冷感との関わりはあとでふれる。

心地よさとの結びつきの強さは、「（のどごしが）よい」「（のどごしの）よさ」との好相性からもうかがえる。Bコーパスでは九五例中、「よい」三二、「よさ」六と全体の四割で結合がみら

表5　ことばからみたのどごしの特性

限定タイプ（Aなのどごし）			叙述タイプ（のどごしがAだ）	
ツルツル（っと）した	2	滑		
つるり［ツルリ］とした	2			
つるっとした	1			
ツルツルの	1			
なめらかな	1		なめらか［滑らか］な	3
さらっとした	2		サラリ	1
軽い	1	軽		
軽やかな	1			
軽快な	1		軽快な	1
爽やかな	1	快	爽やかな	3
爽快な	1		爽快感がある	1
すっきり（と）した	4		スッキリした	1
			さっぱりとした	1
			スカッ	1
クリアな	1			
涼やかな	1	冷		
冷たい	1		冷たい	1
ひんやりした	1			

れる（「よい」は「良い」「いい」、「よさ」は「良さ」の表記を含む）。「わるい」「わるさ」との結びつきはみられず、否定的な意味あいとの結びつきは担々麺のスープを評した「ちょっと喉越しが重いかな。」（Yahoo!ブログ）の一例のみ。

Googleの検索数で比べても「のどごしの良さ」九六、六〇〇件に対して「のどごしの悪さ」はたった四、一〇〇件。文字どおり桁違いだ。「のどごし」はのどを違和感なく通るときの感触であり、通りのよさに意味が特化しているといえる。飲みこみにくいとか、引っかかったり詰まったりするような感触はそもそも「のどごし」ではないのだ。端的にいうと、料理レシピに限れば（レシピの、そしてそれに基づいて作る料理の魅力を訴える目的から考えて当然だが）「わるい」との結合例はまったくなく、「いい」系の表現と圧倒的に強く結びつく。たとえばクックパッドで「のどごし」を含む料理を検索してヒットする五一二品（二〇二〇年一二月二八日の結果）中、新着順二〇頁分で、限定タイプ（「Aなのどごし」）と叙述タイプ（「のどごしがAだ」）の一九八例のうち、「いい」「よく」などとの結合が八三例、「最高」「抜群」各四例、「美味しい」二例、「たまりません」「激ウマ」「GOOD」「◎」各一例、計九七例（約四九％）を占める。「美味しい」「激ウマ」との相性のよさは、人間の味覚受容体細胞が、舌だけでなく、口の天井、のどの奥から食道上部内面にかけて広く分布することを思い出させる。そう、のどで感じる「のどごし」も味のひとつなのだ。

次はこのレシピ表現一九八例に基づいて、のどごしと滑り感、心地よさ、涼感との関わりを詳しくみよう。

のどごしと滑り感

Bコーパスでも確認したように、「のどごし」と「滑」との結びつきはとても強い。なかでも「つるっ」「つるん」と（した）」「ツルツルと（した）」などの〈ツル系〉オノマトペとの結合例がひじょうに多い。限定タイプで三五例、叙述タイプで二二例。叙述タイプでは「のどごしつるん！」「のどごしつるり♪」のように感動や喜びを表す符号を伴うのも興味深い。のどごしの感触に対する肯定的な反応がうかがえる。

次いで多いのは「なめらか［滑らか］（な）」で、限定一例、叙述九例。Bコーパスには含まれない〈スル系〉オノマトペ（スルッと、スルスルなど）が四例みられる（限定三、叙述一）。「とろとろ［トロトロ］」「とろ〜り」四例（限定）、「とろ（ん）」二例（叙述）もBコーパスにはみられない。そして、「サラリ」が叙述タイプで一例。

料理に着目すると、うどん、そうめん、そばなどの麺類がもっとも多い（二〇件）。次いで水餃子やすいとん、白玉など加熱すると表面にぬめりがでるものが八件。ぬめりでいえば、麺類でも具材に納豆、オクラ、山芋などを使ったり、これらをサラダや和え物に加えたり、またワカメやもずくなどの酢の物や汁物、片栗粉やくずなどのあんなども目にとまる。たしかに、ぬめりのある食材ののどの通りはスムーズだ。デザート系では、プリンやゼリーなどが六件。これらがのどごしを感じさせる代表的な食べ物だといえるだろう。

のどごしと心地よさ

滑るようなのどの通りは快感につながる。先にみた滑り感を表す表現との結びつきに比べると用例数は少ないが、それでも限定タイプ一〇例、叙述タイプ二三例が確認できる。もっとも多いのは「さわやか［爽やか］」で一六例（限定二、叙述一四）。「スカッと」二例（限定）、「爽快」一例（叙述）もこれに含められそうだ。次いで「スッキリ［すっきり］」が八例（限定二、叙述六）。そして「さっぱり」が限定四例、叙述二例みられる。

料理に関していうと、滑り感との結びつきが強い麺類がここでも八件みられるものの、心地よさとの結びつきは飲料類（スカッシュやミックスジュースなど）がそれを上回り一三件。麺類八件がすべて冷やし物（冷やしうどんやぶっかけそば、冷製パスタなど）であることを考えると、飲料類ともあわせて心地よいのどごしは冷感とのつながりが密なようだ。実際、麺類と飲料類以外も、冷やしスープ三件（ヴィシソワーズなど）、ゼリー三件、ババロアとフラッペ各一件、酢の物一件と冷たい物ばかり。ビールもよく冷えている方がのどごしがいい！

のどごしと涼感

冷感との結びつきが全体として少ないのは、Bコーパスにおける表現の分布と変わらない。限定タイプで「ひんやり」六例、「冷たい」四例、叙述タイプで「ひんやり［ヒンヤリ］」六例、「冷たい」一例の計一七例がみられるのみである。料理は当然ながら、冷麺、茶碗蒸しや鶏胸肉などの冷製、冷や奴、ムースなど冷感を楽しむものばかり。

のどごしを生む飲食物の滑らかさとのどごしに伴う心地よさとの関わりでいうと、主たる要因はのどを通るときの滑るような感触で、その際の軽快感による心地よさから、とくに冷たさと結びつく心地よさが涼感としてひとりだちするといえそうである。ことばからみたのどごしの成りたちは、**図3**のように示せる。Bコーパス収録の「つるんと喉越しが冷たくて気持ちのよい、玉子豆腐。」（Yahoo!ブログ）という例はこののどごしの涼感を端的にとらえている。おみごと。

図3　ことばからみたのどごしの成りたち

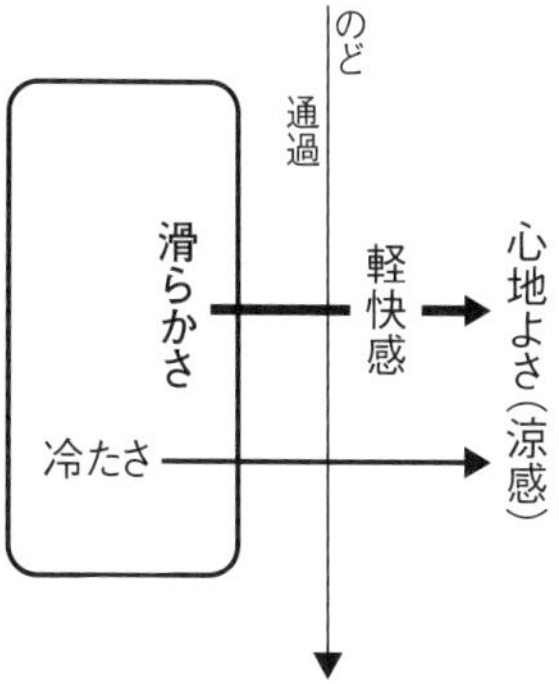

第四節　少しばかり余韻を

まとめると――「コク・キレ・のどごし」のコクとは、油脂成分が主体で甘味と熟成味に支えられた味が口中で立体化して、濃さを増しそのまま長くとどまる経時変化である。キレとは一言でいえば、味がすっとなくなる変化。感じている味がさっと消えるか、酸味（や塩味）あるいは（適度な）香辛料の刺激がほかの味のなかを一瞬でかけぬける。これがキレの正体だ。のどごしは、軽快にのどを通りすぎる滑らかな心地よさのことで、とくに冷たい物の場合それが涼感として感じられる。私たちは感覚でとらえたことをじつは忠実に言語化している。だから、言語表現を注意深くみれば、人々が何をどうとらえているかがわかるのだ。

主な参考文献

・味香り戦略研究所、二〇一五年、自主調査結果リリース（2015.04.06）http://www.mikaku.jp/case/press20150406.html
・鈴木隆一、二〇一三年、『「味覚力」を鍛えれば病気にならない』、講談社＋α新書
・日本味と匂学会・編、二〇〇四年、『味のなんでも小事典』、講談社ブルーバックス
・伏木亨、二〇〇五年、『コクと旨味の秘密』、新潮新書
・山本隆、二〇〇一年、『美味の構造』、講談社選書メチエ

引用文献

・石田ゆうすけ、二〇一八年、「ジョディのカレー」『アンソロジー　カレーライス!!　大盛り』（杉田淳子・編）、ちくま文庫、二二一頁
・小田真規子、二〇一六年、『菜箸のひもを切ると料理はうまくなる』、文響社、一二四頁
・キッコーマンこころダイニング、「季節野菜のピリ辛もろみドレッシングサラダ」（レシピ）https://cocoro-dining.co.jp/magazine/?p=615

・キッチンわたりがらす、「タンドリーチキン」、2018 YEBISU BEER × EBISU FOOD #29 https://ebisu-gp.com/2018/29
・Kraft、『Kraft Cheese Recipe』「きのこのサラダ」（レシピ）https://kraftcheese.jp/recipe/detail.php?n=393
・ゲットナビ編集部・編、二〇一五年、『つけ麺&まぜそば 名店１００ 首都圏版』、学研ムック、六五頁
・湖池屋、二〇一六年、コイケヤ プレスリリース「新生 湖池屋 第1弾商品『KOIKEYA PRIDE POTATO』」（2016.11.30）https://koikeya.co.jp/news/detail/808.html
・小泉武夫・編著、二〇〇四年、『吾輩はビールである』、廣済堂出版、六三頁
・友田晶子・監修、二〇一八年、『ツウになる！ ビールの教本』、秀和システム、一〇二頁
・長崎美香・編、二〇二〇年、『TEST the BEST 2021』、晋遊舎ムック、一〇八頁
・マルコメ株式会社、二〇一二年、ニュースリリース「２０１２年秋冬新商品のご案内」（2012.08.01）https://www.marukome.co.jp/news/release/detail/20120801_02/
・モスバーガー、二〇二〇年、MOS NEWS「「モスバーガー」をさらにおいしくリニューアル」（2020.07.08）https://www.mos.co.jp/company/pr_pdf/pr_200708_1.pdf
・雪印メグミルク、二〇一五年、プレスリリース「【雪印メグミルク】『重ねドルチェ ベリーベリーレアチーズ』平成27年3月10日（火）より新発売『重ねドルチェ ビタースイートティラミス』平成27年3月17日（火）より新発売」（2015.02.19）https://www.atpress.ne.jp/news/57238
・楽天市場、「おやつカンパニー ベビースタードデカイラーメン うましお味73ｇ」（商品説明）https://product.rakuten.co.jp/product/-/5dd75bc942ccfbc9d8809e06dc05b78d/

コラム1　肉の煙

小森道彦

ステーキの味の表現では、「ジューシー」が一、二を争うのではないか。英語の juicy からきている。「肉汁たっぷりの」の意味だ。

「肉汁」や「脂」は、液体なのでじっとしていない。「溢《あふ》れでる脂」や「香ばしい肉の香りと肉汁が口いっぱいに広がる」のように、つねに動きがあるものとして表現される。そこで肉の両面をカリッと焼いて、旨味をなかに「閉じこめる」。ナイフを入れたとき、扉が開いたように肉汁が「流れでる」。

庶民的な焼き鳥やホルモンなどの味の表現はどうだろう。もちろんジューシーさも大事だが、オノマトペ（擬音・擬態語）が目だった活躍をする。牛のハツやミノ、鶏の砂ずりなどのコリコリした食感、ぼんじり（尻尾のまわり）のモチモチ・プリプリ感。歯ごたえや弾力が楽しい。高級な霜降りステーキが、淡雪のような口どけで、ほろほろと舌の上で刹那の幻のようにとろけるのとは好対照だ。

むかし学生のころ好んで訪れた大阪の鶴橋の焼肉屋は、下町だけあって一見民家のようだった。玄関は土間で奥に上り口があり、部屋が白く煙って脂の焦げるにおいがした。先の客が帰った直後でもなかったのに、もやがかかったようだった。私にとって肉の懐かしい思い出は、煙ったにおいの中にある。

第二章　「生《なま》」の味と魅力

瀬戸賢一

「生食」の一番人気は卵かけごはん、で決まり。手軽で、安くて、おいしい。炊きたてのごはんに生卵を割り落として醬油をまわしかけ、これをくずしてハフハフとかきこむ。旅館の朝食の定番であり、もちろん日常の食卓でも毎日のように楽しんでいる人もいるだろう。

しかしここに意外な事実が二つある。

ひとつは、卵を生で食する文化は世界中でほぼ日本に限られること。韓国発のユッケはややこれに近いが、ユッケが食べられる頻度は卵かけごはんの比ではない。生卵と酢、油を攪拌《かくはん》して作るマヨネーズなどはちょっと横においておく。

もうひとつは、卵かけごはんの普及が明治以降であること。日本人が一般に生を避けてきたというのではない。新鮮な魚を生で食べるのはうんと昔からあった（刺身は室町時代までさかのぼれる）。ただ牛や豚や馬や鶏の肉を食べる習慣がふつうなく――ときに禁止された――、食材として鶏卵に手を伸ばさなかっただけなのだ。タンパク質は魚からとればいい、として。

現在では「生」は格段の進歩を遂げて、その代表が生ビール。ほんとうに代表かどうかはあやしいが、なにしろ「生《なま》」と言うだけで通じる。アルコールに無縁の人でも、生麩や生春巻きから生クリームや生チョコまで、生の進出ぶりには思わず目を瞠《みは》ってしまうだろう。

この章では「生」の広がりに着目して、その味と魅力をことばでどう表現するかに迫りたい。

第一節　おいしい「生」の意味

ご存じのように、卵かけごはんが唯一の生卵の食べ方――ではない。すき焼きに生卵、これを忘れては叱られる。

溶き卵に具材をくぐらせると、卵がちょうどコーティングの役目を果たして全体を包みこみ、これをつるりと口に送りこむ。にゅるっと濃厚なだし汁が染みでて、噛めば肉と野菜のうま味がぎゅぎゅっと流れでる。牛肉の甘みとネギの蜜が絡んで卵とも一体となり、口中の味蕾《みらい》がいっせいに悦ぶ至福のときが訪れる。

これらの生卵の「生」は生のプラスの意味なので、まずこの味を確かめよう。

生と鮮度

料理の生と生でないもの、のもっとも目だつ違いは、火を通しているか、通していないか。ただし生食するものは新鮮でなくてはならない。そこで食材（主菜・副菜となる料理の材料）に関して、「生」の中心的な意味を次のように定めよう。

①〈食材が〉火を通さず新鮮なさま

「火を通していない」とは加熱せずということで、天然の状態を表す。つまり煮る、焼く、蒸す、(天日に)干すなどしない。これに対して果物は、生で食べるのがふつうなので「生果物」とはいわない。一方、魚のように煮ても焼いても刺身でも食べられるものは、生かどうかの区別が大切になる。「生〜」という形にできる表現には、ちゃんと理由がある、ということ。比べるだけの値打ちがあってはじめて生が使える。

ではは生柿はどうなのか。この場合は、「干柿」と区別するための名称である。干柿は生の渋柿の皮を剝いて陰干しにする。やはり対比がある。干すだけで渋みがぬけて甘みが前面にでる！

では生レモンは？　レモンはすでに主たる食材の中心から離れる。またその実例をみると、生レモンサワー、生レモンケーキ、生レモンカクテル、生レモンスカッシュなど、(人工の)レモンエキスというものと異なり、天然のレモンを絞った果汁という意味に集中するようだ。これはすでに生ジュース、生クリームなどの生の仲間で、①からやや展開した意味だろう。

生クリーム、そして生ビール

生クリームは、もちろんソース作りなどでは活躍するが、液体なので魚・肉・野菜などの典型的な食材ではない。飲料では生ジュースも同類であり、そこで②の意味を設けよう。

②〈食材以外の食べ物が〉火を通さず新鮮なさま

ここでは「食べ物」は、飲料も含めて広い意味にとらえる。②は①と比べてふつう主菜や副菜にはならないが、①から非加熱と新鮮の特性を引き継ぐ。生ビールや生酒もこの意味に従う。ビールは、かつて熱処理して酵母を除いていたが、フィルターで濾過する方法が考案されてからは、一気に生ビールが主流となった。アルコール度数も少し低めで、口当たりがやわらかで、のどごしも滑らか。だから一気にゴクッと飲める。以来、生ビールの中ジョッキは「生《なま》中《ちゅう》」と呼ばれて乾杯の場をもりあげてきた。これは、やはり「生」に対する私たちの愛着があったからだろう。

生バウムクーヘンって何だ?

生クリームや生ビールはいいとして、生バウムクーヘンはどこかおかしくないだろうか?バウムクーヘンは、薄い生地を何層も重ねて焼きあげる洋菓子だと思っていたら、これが生だという。焼かないであの年輪のような模様はできないのでは。

このような場合の「生」の意味は、元祖を求めればどうも生チョコレートの生にいきつく。生チョコに続いて生キャラメル、生カステラへと広がった。チョコ、キャラメル、カステラもどこかの段階で加熱しているはずなのに、生だという。どうなっているのか。

とくに生チョコはブームのきっかけを作ったので、生と称するための基準が公的に作られさえした。チョコレートやクリームなどの配合割合が定められ、要するに口で滑らかに溶けるものでなくては生とはいえなくなったのだ。

ここではもはや新鮮であるかないかは必須の要件ではない。加熱の有無も疑わしい。これはどう考えたらいいのだろうか。新しい「生」の意味が生じたのである。もちろん無から有は生じないので②からの発展として。つまり、③は②の比喩の意味（まるで②のような）である。

③〈食材以外の食べ物が〉火を通さないさま（に似た）

③の対象はおもに菓子・デザートの類を中心とし、現在ではスイーツと呼ばれる分野でその範囲と魅力を広げてきた。スイーツとは、英語の形容詞 sweet（甘い）をそのまま名詞として用いて複数形語尾 -s を加えた語で、文字どおりには「複数の甘いもの」。日本語のスイーツはなかなか響きがよく、さらに好ましい意味の生を加えた生スイーツは人気をさらった。

この意味の生は、ふわふわとした食感をよく伝え、「口溶けのいい」を中核とする。生バウムクーヘンの生は、実際には焼いていても、薄くやわらかい生地をくふうして、まるで生のようにしっとりとした、とろけるような感じを表す。これは生のもつプラスの意味あいであり、商品には重要な要素であり、シズル感（消費者の五感に訴えて購買意欲をそそる手法）とも大いに関係する。

ともあれ生は大流行《はや》り。「とろけるような舌触り」を売りにして、熱を加えて硬くなっていない、できたてをアピールする。なかにはいったいどこが生なのかと首を傾《かし》げるものもある——たとえば生クッキー——が、生プリン、生ドーナツ、生チーズケーキ、生スイートポテト、生アイスクリーム、それに生食パンなど、生のオンパレード。また和菓子だって負けてない。生大福、生わらびもち、生どら焼きと続く。

これほどまでに生がもてはやされるのは、やわらかさが求められる時代だからだと思う。「ふんわりとろっと溶ける」を縮めた感じの「ふわとろ」という表現もある。じっくりしっかりと嚙みしめて味が染みでるのを待つよりも、ますます「すぐおいしい」が好まれるようになっているのではないか。そしてついには「とろなま、、、バウムクーヘン」という商品まで出現した。

生酒

ちょっと口の中が甘ったるくなりましたね。ここらでキレのいい冷酒で、甘いものによるもわもわ感をさらっと洗い流したいところ。

といっても日本酒は種類が多くて選択に迷ってしまう。また近ごろは季節にあわせた酒をくふうするようになり、とくに冷酒は、たとえば暑い盛りになると夏味などと称して、やや酸味のたつシャープで爽快な味が造られるようになった。引き締まった淡麗な味だという。のどごしがよくてあとをひかない。そのような味を狙って造ったのか、造ったらたまたまそのような味になったので夏向けにしたのか。

いずれにせよ原酒、純米、本醸造、山廃仕込み、大吟醸……など、種別を見分け、味を利き分けるのがむずかしい。

そのなかで生酒――「なまざけ」あるいは「きざけ」と読む――は比較的区別がしやすい。日本酒はできてから出荷するまでに、ふつう火入れによる除菌を一回か二回行う。が、生酒は一度の火入れもしない。そのためできたての豊潤でフルーティーな香りと味が保たれて、酒好きにはもってこい。ただし風味を保つには微妙なコントロールを要する。火入れするとその時点で品質は安定するが、味は無傷でいられない。

生酒の生は基本②の意味だが、ふくよかな味わいは③ともつながるだろう。この点は、米から造った焼酎と比べると、よりはっきりする。日本酒が醸造酒なのに対して、焼酎は蒸留酒。つまり火入れによってアルコール分を気化させて、それを回収する。このため焼酎は、近ごろは雑味のない高品質のものが出まわっているとはいえ、とくに生酒と比べると、味がストレートだ。つまり変化せず、ひとつの味がずっと続く。もちろん原材料――米や麦や芋など――と造り方によって味の違いが楽しめるが、音に喩えると単音ではないか。これに対して日本酒の質のいいものは、口中で和音が響く。そしてその音色が調和しつつ微妙に変化する。

生水・生味噌・生醤油

どこか早口ことばのようだが、生水はあとまわしにして、生味噌と生醤油から味わおう。生は二つとも「なま」と読む。生《き》醤油は別物だから（いちおうそういう決まりのようなので）。

生味噌も生醤油も、生の意味は②をベースとする。ともに酒造りに似ているので、できたものに火入れをするかしないかによって味に変化が生じる。生味噌の種類には手造り味噌、無添加味噌、有機味噌などがあり、さらには宣伝文句として天然醸造有機生味噌を謳うものまで。「手前味噌」とは味噌作りからきた表現だ。自家製の味噌をそれぞれが自慢するので、自慢一般を意味する。味噌の種類と味は千差万別だろう。

とはいえ商品となると違いを際だたせなくてはならないので、「自然な風味」「まろやかな味わい」「甘みたっぷりでありながら、コクのある」とことばを繰りだす。ある生味噌はパッケージに「ほんのりとやわらかい甘さで、深いコクとうま味があり、芳醇な香りをお楽しみいただけます」と。これだけ独立して読めば、冷酒のキャッチコピーかと思えないだろうか。

他方、生醤油はどうか。こちらも加熱殺菌しないのが生。あるメーカーの生醤油は、酸化防止のためにやわらかな密封ボトルに入っていて、「いつでも新鮮　しぼりたて生しょうゆ」が決めゼリフ。使いはじめてから三カ月は生の味のままという。

ここまでくれば私たちの生への偏愛ぶりがよくわかるというもの。これは①~③に共通する。生は、いまもいくつかの読み方と用法がある。それは生命であり、生まれたての新鮮な姿であり、生のやわらかさでもあり、生き生きとして、よく生活し、それを連ねて人生を送り、まさに全体として人間の生きた姿を表すことばなのだろう。生のもつ力強い訴求力は、これからも生き続けるはずだ。

最後に生水について一言。この生には②の意味が効いているが、加熱しないで飲むことにはリスクが伴うということを暗に示す。これまでの生はすべてポジティブな意味だったが、ここではじめてネガティブな顔がのぞく。それは、生と死が背中あわせであるように、生の表の意味を輝かせるためのことばの仕掛けなのかもしれない。つぎにこの点を確かめよう。

第二節　おいしくない「生」の意味

生の魅力的な意味をひと巡りしたけれど、生には避けたい意味もある。すぐに思いつく表現は「生臭《なまぐさ》い」。生で臭いといえば腐臭だろう。おいしくない意味はどこからくるのか。

嗅覚の表現

嗅覚は味覚と異なって、味覚の基本五味（甘味、塩味、酸味、苦味、旨味）に相当するようなにおいのベーシックな種別がない。あるのは、うまいとまずいに対応するような、いいにおいと悪いにおい。そして悪いにおいは「臭い」が代表だ。

この場合の代表とは。とっかかりとして「臭い」の反対は何だろうか。「熱い」に対して「冷たい」があるように、「臭い」に対立する形容詞を探すと、「香《かぐわ》しい」「香り高い」「いい匂いの」「馥郁《ふくいく》たる」……と芳香が漂うのはいいが、「香しい」は「臭い」と肩を並べる日常語ではなく（「くさっ」とは言うが「香しっ」とは言わない）、「香り高い」と「いい匂いの」は複合語であり、「馥郁たる」は時代がかった表現である。日常語に「臭い」に対抗できるようないい匂いの形容詞は見つからない（「香しい」そのものも「香」＋「くは《(わ)》し」――すぐれているの意――の合成語だとされる）。

では私たちの日常世界はつねに悪臭に満ちているのだろうか。もちろんそんなことはない。香水ビジネスが発達した一八世紀、一九世紀の大都会パリは悪臭がかなりひどかっただろうが、腐敗と結びつく意味での臭さは、しばしば口にするものの危険を知らせる重要な指標ともなる。とはいえ私たちはすてきな香り、おいしい匂いを求める。それなのに基幹的な単純なことばがない。これはどうしても解決しなければならない問題だ。

においの表現不足を補うには三つの解決法がある。

ひとつは直接ものを指名する方法。コーヒーの匂い、メープルシロップの匂い、バターの香りなど。あるいは「〜のような」を介してバラのような香気、と。これはきわめて有効なにおいの表現法であり、私たちの鼻の機能と無関係ではない。人間の鼻にはニオイセンサー（嗅覚受容体）が四〇〇種類ほどあることがわかっている。だが、これはそのまま約四〇〇種類のにおいが直接感じられるということではなく、各センサーのいわば足し算や掛け算の結果として、ひとつのにおいが感知される。したがって人間が知覚するにおいの種類は何桁になるのかわからないほど膨大だ。

二番目の方法は序章で触れた共感覚表現である。嗅覚を表すのに五感の他の感覚から表現を借りるやり方だ。触覚からは「乾いたにおい」、味覚からは「甘い香り」、視覚からは「明るい（南国の）香り」、聴覚からは「静かな香り」などと、急に表現の幅が広がる。

最後に「リラックスできる香り」を考えよう。これはある匂いを感じると、その結果リラックスできるという関係である。AすればBの関係なので、因果関係だろう。「ほっとする匂い」は「ほっとする」そのものに匂いの要素はなく、時系列に沿って「(特定の匂いをかぐと)ほっとさせてくれる」という意味である。

これらの方法を組み合わせると、たとえば「透明感のある甘いバレンシアオレンジの香り」のように表現できる。嗅覚表現もこれでなかなか豊かなのだ。

生臭いわけ

俗気の臭《にお》いのする坊主を生臭《なまぐさ》(坊主)という。仏門に入った者は食べてはならないとされる生臭物も食べるからそう呼ぶ。この生臭物とは魚や獣肉を指すが、魚や肉は新鮮なら臭わないはずで、生なら生臭いわけではない。

それでも生は明らかに否定的な意味を含むことがある。たとえば焼き魚が生焼けであるとき。そこで生に④の意味が必要となる。

④〈加熱した食べ物が〉火の通りの中途半端なさま

煮物・蒸し物・揚げ物・焼き物などで中まで火を通して食すべき物が、火の通っていない部分がまだ残っているときに使う。生煮え、生焼け、生ゆで、生煎り、まだ半分生だなどと表す。それでは食に適さない。ステーキなどがそれを目的にする場合は別だが。

この意味の生は食べ物以外でも、たとえば洗濯物が「生乾き」のように用いる。やはり「日光などの通りの中途半端なさま」を意味する。さらには煮えきらない態度を表す「生返事」など。これは「生煮えの返事」とも表現できる。

このように生にはいくつかの意味があることがわかった。主なものは次の①〜④である。

①〈食材が〉火を通さず新鮮なさま
②〈食材以外の食べ物が〉火を通さず新鮮なさま
③〈食材以外の食べ物が〉火を通さないさま（に似た）
④〈加熱した食べ物が〉火の通りの中途半端なさま

これで生のすべての意味が網羅されたわけではないが、食についての意味はすべて揃った。①〜④はけっしてばらばらではなく、ひとつのネットワークをなす。つまり①を中心的な意味として、②〜④はその派生である。それでも④は少し異質ではないだろうか。最後にこの点に触れよう。

生と畏《おそ》れ

気になる表現に「生恐ろしい」がある。これはどういう意味か。たとえば「生恐ろしい事件」などの「生」の意味だ。

手元のいくつかの辞書を調べると、この「生」は接頭語——他の語の上に添えられる語——で、意味は「なんとなく、それとなく」だとする。たしかに「生暖かい」「生やさしい」などの「生」にはこの定義が当てはまりそうだ。が、「生恐ろしい」は「なんとなく恐ろしい」という意味なのか。もっと根源的な恐ろしさを感じさせる表現だと思えるが。いわば生に対する畏れのような。この「生」は、むしろ強意的である。

もうひとつ、「生白い」という表現。これも中途半端に白いというよりも、気味が悪いほど白い、不気味な雰囲気に通じるのではないか。たとえば「病みあがりの生白い顔」というように。

これまでも触れたように、生は魅力的であり、とくに日本人は生に対する強い好みをもってきた。その一方で生は命に関わるリスクを伴う。いまに伝わる生ということばの多様で深い意味は、私たちの先祖が遠い昔から感じてきた、生に対するある種の畏れとどこかでつながっているのかもしれない。

第三節　味ことばのなかの生

では私たちの生好みは、現代の味ことばのどこに現れるか。ちょっと寄り道をしよう。

序章でも触れたが、近ごろ味に関してシズルという言い方を見かけるようになった。商品の購買意欲をそそる表現一般をシズルと呼ぶようだが、ここではパッケージデザインなどには触れず、スナックなどを含む食品の売り文句の方に注目しよう。シズルワードが味の表現に活躍するのは事実なので、味ことばとの関係をみたうえで、生という表現の現在の立ち位置に戻りたい。

シズルワードと味ことば

まずシズルの意味を確かめよう。

序章で述べたように、ステーキなどを焼くときのジュージューいう音、またそのような音をだすことを意味する。肉を焼く音はたしかに食べたい気持ちを高める。ここから転じて飲食欲をそそる表現一般をシズルワードと呼ぶようになった。

シズル表現にはビジュアルも含まれる。いかにもおいしそうな写真やパッケージは買いたいという気持ちをかきたてるが、シズルワードはそれをいかにことばで表現するかが勝負だ。つまり売る戦略の重要な手段としての「飲食欲求を喚起することば」がシズルワードなのだ。

これに対して、味ことばは「味を表す一般性のあることば」を意味する。「味」とは実際に食べたときの味わいがもちろん中心だが、味を作る途中のプロセスや食材の状態なども含む。なぜなら食材選びは最終的な味に大きく影響するだろうし、加工・製造などの調理プロセスも実際に口にする味を左右するからである。また「一般性のあることば」は、特定の個人だけが感じるのではなく、多くの人の間で共有できる表現ということ。味ことばとは、味を分類する力のある表現、と言い換えてもいい。

ということは、用語は異なってもシズルワードと味ことばはほぼ同じ意味だろうか。もちろんかなり重なる部分があるが、はみでるところも大きい。シズルは、要するに消費者を引きつけて商品を買わせることを目指すが、味ことばは味の表現を体系的に扱う。「まずい」や「臭《くさ》い」などもいっしょにして。そして私たちの食の表現と五感の働きをわかりやすく正確に分類整理する。

図1　味の共感覚

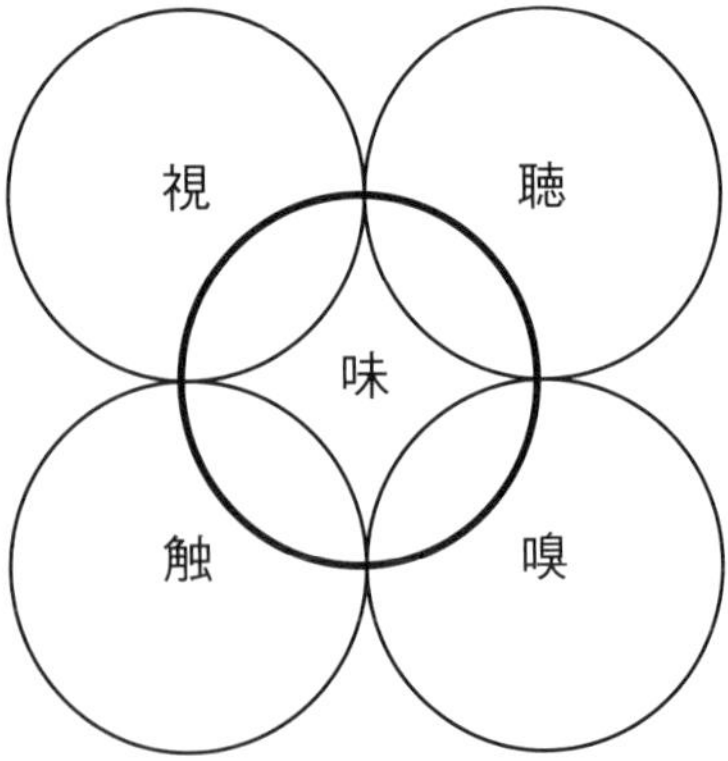

味ことばと五感の働き

繰りかえすが、五感とは視覚・聴覚・嗅覚・味覚・触覚のこと。これらの感覚はそれぞれに固有の表現をもっていて、表現需要の高い感覚にことばを融通しあう。このような感覚間の貸し借りの結果が共感覚表現である。

五感のなかでとりわけ視覚は重要な働きをする。しかしどちらかというと気づきにくい。例で説明しよう。たとえば「小さな声」は聴覚の表現だが、ここに視覚が関係するのがわかるだろうか。あまりにも当たり前なのでうっかりしそうだ。「小さな」は目で知覚する表現である。声にはもともと形としてわかるような大きさはない。目がとらえるのはおもに光と形であり、大小は形に関係する。味覚なら「小味」や「大味」という言い方がある。

これ以外にも、味覚に関わる日常表現を挙げると、深い味、薄っぺらな味、カラフルな味、華やかな味、すっきりした味、ぼんやりした味……。これらは「〜味」の形に限定したが、すでに視覚が味覚に果たす役割が甚大だということがわかるだろう。例のなかで「すっきりした」は透明度に関わるので視覚表現。「ぼんやりとした」はものの輪郭を表し、形に関係するから、やはり視覚。動詞にすると「味がぼやける」。このようなことはわかりきったことのはずだが、よくわかっていることこそ気づきづらい。まるで空気や重力の存在のように。

聴覚は、うるさい、静かな、などいくつかの専用表現があり、これらも共感覚として味覚に貢献する。しかし重要なのはオノマトペ（擬音・擬態語）だ。シャキシャキ、パリパリ、シャキッ、パリッなどの擬音が味を伝える。微妙な音の差で異なった食感を表す。たとえばパリパリとバリバリを比較するとどうだろうか。パリパリは薄くて張りのあるものを対象として、バリバリはやや厚みがある堅いものに対して用いられる。海苔については、「パリパリ（と）した」はいいが、「バリバリ（と）した」は使えない。

嗅覚は、先に述べたので再説しないが、身体の構造上、嗅覚と味覚はしばしば一体であることは確認しておこう（嗅覚がなくなると味覚もあやしくなる）。においは鼻で知覚するが、のどの奥から鼻にぬける香りを忘れてはならない。たとえばビールやワインなどののどごしの味のある部分は嗅覚（と触覚）がおもに感知するといってもいいだろう。

触覚はたんに手足などの肌の感覚ではない。口腔は触覚の場でもある。それに触覚は冷覚・温覚・痛覚・圧覚などをそれぞれのセンサーで繊細に区別する。また食材の食感《テクスチャー》（硬軟・乾湿・粘性・触性など）をチェックするのも触覚の大切な役目だ。そしてここでも表現にはオノマトペが活躍する。食べごたえや歯ざわりはおもに触覚と関係するだろう。ふんわり、さくっとのように、近ごろはもっぱらやわらかい触感が好まれているようだ。

味覚と他の四覚との共感覚関係はおおよそ**図1**のように描ける。ただし、見かけ以上に、視覚の表現の密度は濃いので、その表現力をけっして見くびらないようにしよう。

あつあつのカキフライ

五感の働きを感じとるためにひと息いれよう。

高温でさっと揚げられたカキフライが目の前に出されたところを想像してもらいたい。ちりちりとまだ油が跳ねる音がするのをカリサクとかじる。丸ごとではなく半分だけ。熱い湯気がふわっと放たれて、磯の香りがスーと鼻にぬけ、豊饒な海の香りが広がる。レモンは絞らずタルタルソースも不要。せっかくの磯の味を消してはならない。ぷっくりと膨らんだ貝の身が養分とした海藻の風味もいっしょにいただかなくては。箸の先から海のエキスがこぼれそうになっているのを、ズズーっと啜《すす》って口に放りこむ。ふたたびカリサク、にゅるぬめっ。びろびろした部分の歯ごたえもよく、のどへ送ってからのもどり香もすばらしい。

揚げたての「たて」とは？

揚げたてのカキフライの味には五感が協働する。もちろんカキでなくてもかまわない。好みの食べ物なら、大なり小なり五感をいっせいに働かせて食すのではなかろうか。

では「揚げたて」の「〜たて」はどういう意味だろう。この表現も流行のシズルワードである。食べ物はふつうできたて、作りたてがおいしい。揚げたてから想像されるように、「〜たて」は調理の全般におよび、炊きたて、焼きたて、握りたて、蒸かしたて、茹でたて……など。しかもここにとどまらない。素材が新鮮なことをアピールする採れたて、獲れたて、挽きたて、産みたて、もぎたて、摘みたて、飲料類なら絞りたてが鮮度をアピールする。

「〜たて」は明らかに「立つ」からの派生であり、立つとは、あるものが上方に移動してはっきりとした姿を現すことを中心的な意味とする。だから目だつとは、目に立って見えるということ。水平方向が支配的な世界で横になっていては目だたないわけだ。これと同じ理屈で、味がはっきりとした姿を現すことを「味が立つ」と表現する。「できたて」とは料理ができあがって、一品として自立した瞬間をいうのだろう。「〜たて」は新鮮さをアピールして、すぐ召しあがれという気持ちを伝える。

食味表現から味まわり表現へ

ここまで食味表現（実際に食べて感じる味の表現）を中心に味をみたが、「〜たて」はじつ

図2　味ことば

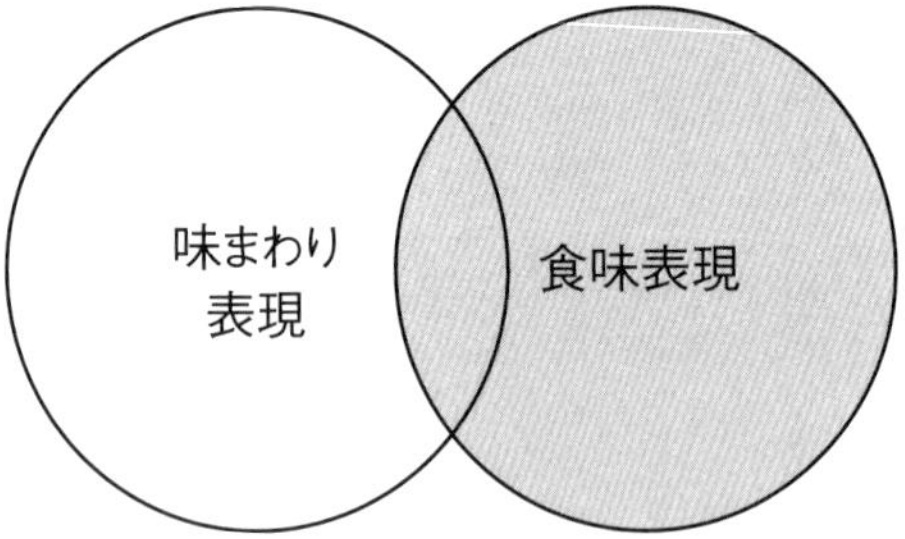

はやや微妙な表現である。たとえば「握りたてのすし」ではすしは口の中に入っているのかどうかがわからない。「握りたてはうまい」でようやく食味と接する。そこで食べ物が完成品として登場するまでのプロセスを考えると、ここにも味ことばがたっぷりと用意されていることがわかる。これらを味まわり表現と呼ぶ（序章で「味のまわりにあって、味の形成に参加するものの特性の表現」と定義した）（**図2**）。（表現そのものとしては、すべての味まわり表現が食味を表すとは限らないので、表現の集合関係を考えると**図2**のようになる）

たとえば、じっくり煮込んだ味、京都ならではの味、手作りの味などが味の表現に関わる味まわり表現である。これまでの食味表現は、図のように味まわり表現と交わり、味まわり表現は食味表現を側面からサポートないし補完する。

そこで味まわり表現の仕組みを**図3**に示そう。

要点のみを説明しよう。まず㋐素材を仕入れて㋑調理プロセスに送る。ここに関与する主なものが㋒作り手と㋓道具・設備。調理プロセスを経ると㋔料理（食品など）が仕あがる。これを㋕食べ手が口にして、㋖反応を示す。そしてこれら一連の出来事を包括するのが㋗場所と㋘時間である。

㋐〜㋘は言うまでもないことだが、それぞれに固有の味まわり表現がある。**図3**は一種の味ことば産出工房と考えていいかもしれない。たとえば㋐素材に関わる特性は、朝採りの、完熟の、鮮度抜群の、であったり、無農薬、有機栽培であったり、酒米なら品種（山田錦、雄《お》町《まち》など）をアピールすることなどができるだろう。また国産の新米一〇〇％使用を謳ったりする。㋗場所と一部重なるが神戸ビーフや名古屋コーチンのように素材のブランド名を前面に押しだしたりすることもよくある。

㋑調理プロセスに関する表現は、無添加、無着色、熟成させた、長時間煮込んだ、十年ものの、じっくり発酵させた、浅漬けの、オリーブを練りこんだ（パスタ）など、調理プロセスはほとんどやりたい放題、創意工夫の夢舞台だ。手作りの、自家製の、秘伝の製法なども。すべてがいい結果をもたらすわけではなかろうが。表現も無限大である。

図3　味まわり表現

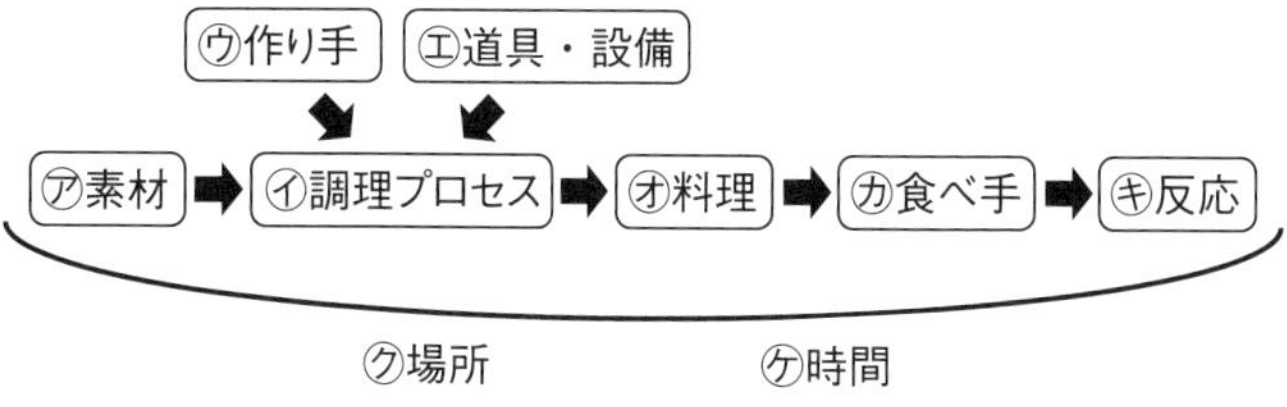

㋒作り手は㋑調理プロセスを左右する。一流シェフの味ならおいしそうに思えるだろうし、おふくろの味なら心がなごむ感じを伝える。同じ素材を使っても、二人の鮨職人が握ったものがまったく別物だったりもする。ひとつのサーバーから注がれた生ビールが、注ぎ手しだいで歴然とした差がでたりも。

㋓道具・設備は包丁に代表させよう。㋒の作り手が手にする道具の筆頭だからだ。かつて調理人のことを包丁人と呼んだ時代があった。もちろん米を炊くなら釜なのか土鍋なのか、焼き鳥なら備長炭《びんちょうたん》を使うのか、など考えだせばきりがない。また設備一般のことなら衛生面が第一なので、近代的な機器を誇るのも売り文句にできるだろう。

こうして㋔料理ができる。㋔はその特性を表すもので、できたて、作りたてなどがよく使われ、贅沢な、絶品の、食べごたえのある、具だくさんの、と食べ物の特性を並べはじめると、しだいに食味表現に接するのがわかる。

㋕食べ手は食品の到達点を示すのではなく、ある製品の消費者が誰なのかがポイントである。つまり老若男女のどこをターゲットにするか。小さい子どもから年配者まで安心して食べてもらえるのか、ダイエット志向の層を狙ったものなのか。これらも特定の層にはおいしい味ことばとして効果的だろう。

㋖反応はおもに胃袋に納まったあとの思いをことばにする。ほっとする味、幸せな味、うっとりとする味、リラックスできる味、飽きのこない味、やめられないとまらない味、くせになる味など。健康を売りにするチョコレートもある。スナックなのかサプリなのかがはっきりしないものも。これらは㋖を狙ったものだ。

そして㋐〜㋖を下支えするのが㋗場所と㋘時間である。㋗場所は、たとえばワインがフランス産のものならば、一般に南アフリカやチリやアルゼンチンのものより質がよさそうだと思う人がいるかもしれない。産地と味に関する噂である。またフランスのなかでもボルドーとブルゴーニュでは異なった特徴を示す。野菜や肉にしても国産と外国産とではいまのところ信頼度に差がある。

㋘時間は「〜たて」とも関係するが、ワインなどでは当たり年がある。また別の例を示せば「昔ながらの味」は郷愁をさそう。「昭和の味」「伝統の味」ならどうだろうか。

ということで味まわり表現の多彩さの一端がわかってもらえたと思う。では締めくくりとして、これらすべての味ことばのなかで「生」がどのように関係するのかをみよう。

第四節　「生」の位置づけ

おいしい生に限定すると、生には①〈食材が〉火を通さず新鮮なさま、②〈食材以外の食べ

表1　「生」の意味①〜③の特徴

	食材	新鮮	非加熱
①	○	○	○
②	△	○	○
③	×	○	○

物が〉火を通さず新鮮なさま、③〈食材以外の食べ物が〉火を通さないさま（に似た）、の三つの意味を確認した。③はたいてい鮮度も高い。

これらの関連を説明しよう、表にして（**表1**）。

まず食材については、②は主に嗜好品や調味料を対象とするので△、③はメインの食材を対象としないから×。新鮮さと非加熱については①〜③のほぼすべてに当てはまるが、③はスイーツが中心なので、やや条件つきの非加熱である。つまり非加熱あるいは非加熱らしい特徴（やわらかさなど）をもつ、ということである。

もちもちととろとろ、そして「〜たて」

では生と密接に関わる味ことばはどこに現れるだろうか。とくに注目すべき二つの領域がある。

最初に**表1**の右下を見よう。生の意味③の非加熱を示すところを。「やわらかさ」と「口溶けのよさ」に特化した特徴で、この二つの特性を示す味ことばは、たいてい触覚と関連したオノマトペである。

まず「やわらかさ」から調べよう。代表例は、もちもち。やわらかさと弾力性をよく表す味

表2　「生」=「非加熱」=「やわらかい」表現

モチ系	フワ系	プク系	プル系
もちもち	ふわふわ	ふっくら	ぷるん
もちっ	ふんわり	ぷっくら	ぷるるん
もっちり	ふわっと	ふくよかな	ぷるぷる
もちっと	ふかふか	ぷくっ	ぷるっと
		ぷっくり	ふるふる
		ぷにぷに	

ことばである。この仲間にはモチ系だけでなく、フワ系、プク系、プル系がある。プク系とプル系には視覚認識も少しはいってくるだろう。**表2**にまとめる。次に「口溶けのよさ」を表す味ことばをみよう。まず基幹的なトロ系。とろけるをはじめとする表現が類をなす。そのほか滑らかさを表すナメ系とツル系があり、まとめて次頁の**表3**とする。小さなことかもしれないが、「とろり」と「とろ〜り」を比べると、「とろ〜り」の方が口溶けがよくて持続時間が長い。そんな気がしないだろうか。これは表現の長さと現実の口溶けの長さが相関すると感じられるからだ。

もうひとつ生と関係するのは、**表1**の新鮮さを表す縦列すべてである。生の意味①〜③と結びつく味まわり表現がある。生と鮮度は本来切っても切れない関係だからなのだろう。表現としては先に挙げた「〜たて」が重要で、タテ系ともいうべきものが類をなす。できたて、揚

表3　「生」＝「非加熱」＝「口溶けのよい」表現

トロ系	ナメ系	ツル系
とろける	なめらかな	つるつる
とろり	きめの細かい	つるっ
とろ〜り	口溶けのよい	つるっと
とろとろ	口当たりのよい	つるんっ
とろっと	舌触りのよい	つるり
とろん	クリーミー	

げたて、焼きたて、炊きたて、獲れたて、採れたて、もぎたて、搾りたて、摘みたて、搗《つ》きたて、煎りたて、蒸《ふか》したて、茹でたて、淹れたて、削りたて、切りたてなどのほか、「〜たて」の形をとらなくても、朝採り、あつあつ、みずみずしいなどが新鮮な、フレッシュな、鮮度のよさを伝えるだろう。

このように生は味ことばにとってなくてはならない。図表には示さなかったが、生はさらに他の表現とも強い親和性を示す。たとえば聴覚のオノマトペである、シュワーやシュワシュワ、シャキシャキなどは鮮度のよさを感じさせるので、やはり生の系列ではないか。

生はこれまでそうであったように、これからも味ことば（食味表現と味まわり表現）の中心として生き続けるだろう。そうそう、生卵はやはり産みたてで、黄身がふっくらと膨らみ、弾力性があって、トロっととろける、濃密な味がうれしいですね。

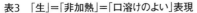

主な参考文献

・一色賢司・監修、二〇一三年、『生食のおいしさとリスク』、エヌ・ティー・エス
・瀬戸賢一、二〇〇二年、『日本語のレトリック』、岩波ジュニア新書
・瀬戸賢一・編著、二〇〇三年、『ことばは味を超える』、海鳴社
・瀬戸賢一ほか、二〇〇五年、『味ことばの世界』、海鳴社
・瀬戸賢一、二〇一七年、『よくわかるメタファー』、ちくま学芸文庫
・瀬戸賢一、二〇一九年、『書くための文章読本』、集英社インターナショナル
・B・M・FTことばラボ・編、二〇一六年、『ふわとろ』、B・M・FT出版部
・B・M・FTことばラボ・編、二〇一八年、『SIZZLE WORD／シズルワードの現在2018改訂』、B・M・FT出版部

コラム2　魚の時間

小森道彦

魚の味と時間は切っても切れない関係にある。たとえばとれたての透明でコリコリしたイカが好きな人もいれば、時間がたって旨味が増したのを好む人もいる。熟成寿司も人気だ。

もちろん旬も大切。秋から冬にかけて旬を迎えるマグロ、ブリ、サンマなどの赤身魚は、脂肪が多く旨味が強い。タチウオやトビウオ、それにスズキなどは、淡白であっさり低カロリー。この種の白身魚の旬は七月～八月。同じく白身ながら脂ののったノドグロ（アカムツ）は、「白身のトロ」と呼ばれて口当たりが濃厚である。旬は秋から冬だが夏場でも美味だ。

ご存じのようにカツオの旬は二回。春から初夏にかけての初鰹は脂が少なくさっぱりしているのに対して、九月ごろからの戻り鰹は脂がのってもっちりしている。アユは、骨がやわらかくてあっさりした若鮎、脂ののった成魚、産卵前の落ち鮎の三度も旬がある。

子どものころ夏休みに親の故郷の和歌山に行くと、イガミ（ブダイ）が醤油と生姜の煮つけでだされた。地元のソウルフードなのだが、私はこの魚が大の苦手だった。クセのある磯臭い味で、以後魚嫌いになった。おとなになってうまい魚と出会い酒の範囲も広がったある年の冬、再びイガミと対面した。一瞬躊躇したが、口に入れると身ばなれがいい肉厚の白身だ。少しクセがあるが、どうしてこれが苦手だったのか。自分の成熟の証かと思ったが、イガミは冬は海藻を食べるため、臭みがなくなるという。変わったのは、私ではなく魚の方だった。

第三章　味の「宝石箱」のヒミツ

辻本智子

「海の宝石箱や〜」

いわずと知れた、グルメリポーター彦摩呂の代名詞ともいえるフレーズ。本人があるインタビューで、このテッパンフレーズの誕生秘話を明かしている。


北海道のロケに行って、魚市場の賑やかな市場食堂で海鮮どんぶりが出てきまして。その輝かしい新鮮な刺身たちを見て、「うわぁ、海の宝石箱や〜！」と言うたんですよ。（中略）イクラがルビー、アジがサファイア、鯛がオパールみたいに見えたわけです。

（NEWSポストセブン「彦摩呂『○○の宝石箱や〜』はマンネリ打開のためだった」）


刺身の輝きを宝石の輝きに見たてる、まさに正統派メタファー（隠喩）だ。「『食べ物を他の物に喩えたら（オンエアで）カットやな』と思っていた」（デイリースポーツオンライン「彦摩呂、名言『宝石箱や〜』誕生秘話を明かす『悩んでいる時期』に」）と彦摩呂は言うが、味を他の「もの」に喩えるのは、言語の世界ではごく自然なことである。

私たちにとって、味はきわめてとらえどころがない。「食材」やその結果としての「料理」は見ることもでき、触ることもできる。だが「味」は見えない。もちろん触ることもできない。こういう抽象的な対象について語るときに欠かせない便利なツールが、メタファーだ。あまりにも日常的に定着しているために気づかないだけで、味は比喩的には「もの」として扱われるといっていい。メタファーのもっとも素朴で根幹的な見たてである。

この章では、味が比喩的にどのような「もの」として扱われるかを探りたい。まずは、「〇〇の宝石箱や〜」を分析することからはじめよう。

第一節　響き合うメタファー

彦摩呂といえば、ほかにも「お肉のIT革命や〜」とか「麺の反抗期や〜」とか「肉汁のドリンクバーや〜」などのメタファー表現がお得意だが、残念ながら「〇〇の宝石箱や〜」ほど浸透しているとはいえない。

なぜ「〇〇の宝石箱や〜」だけが突出して受けいれられ、人気となったのか。もちろん彦摩呂にとっては、このアドリブがきっかけで自身の枠をはずすことができ、リポーターとしての地位を確立した記念碑的表現である。しかし、ただ偶然「当たった」だけではない。

食べ物は宝石

食べ物を宝石に見たてるメタファーは、それほど珍しくはない。刺身に近いところではにぎりずしがある。

　大正十四年（一九二五年）生まれで今年七十八歳になる小野二郎は、いますし職人として円熟の極みに達しようとしている。無駄もスキもないにぎりずしは、まるで宝石のように美しく輝いていて、（中略）小さな奇跡と呼んで過言ではない。

（山本益博『至福のすし』）

　そのほか砂糖菓子やチョコレート、ケーキなども宝石に喩えられることが多い。こちらはイタリアの高級ジュエリーブランド、ブルガリが手掛けるチョコレートブランド「ブルガリ　イル・チョコラート」の、その名もチョコレート・ジェムズ（チョコレートの宝石）を紹介した文章だ。

　いくつもの緻密な作業を経て、ひと粒に2～3日かけて完成するチョコレート・ジェムズ。類まれなクリエイティビティと繊細な感覚が求められるその工程は、まさに「宝石」を作り出すプロセスそのもの。その中に閉じ込められているラグジュアリーを、舌の上に、口の中に、解き放ってください。

（ブルガリ　イル・チョコラートのウェブサイト）

にぎりずしやチョコレートを宝石に見たてる。そのココロは、まず外見が輝いているように見えること。大きさは片手で持てるくらいであること。次に希少であること。それゆえ比較的高価であり、特別感があること。さらにいえば、宝石を輝かせるには磨きをかけなければならない。つまり熟練した職人の技が必要で、手間・労苦がかかるということも暗示される。いくら外見がキラキラしていても、その味が宝石のように希少で、特別でなければ「宝石」とはいえない。

「宝石」ということばは、たとえ彦摩呂自身は意識していなかったとしても、このようなバックグラウンドを背負っている。「○○の宝石箱や〜」というフレーズを耳にする視聴者もまた、知らず知らずのうちにものの見方や表現の仕方に影響を受けているはずだ。「ＩＴ革命」「反抗期」「ドリンクバー」といった表現には、宝石ほど確立した豊かなバックグラウンドはない。この点だけでも、フレーズのもつ深みと奥行きに明らかな差がある。

「箱」の魔力

とはいえ、彦摩呂のフレーズが「海の宝石や〜」であったとしたら、「海の宝石箱や〜」ほ

図1　海の宝石箱

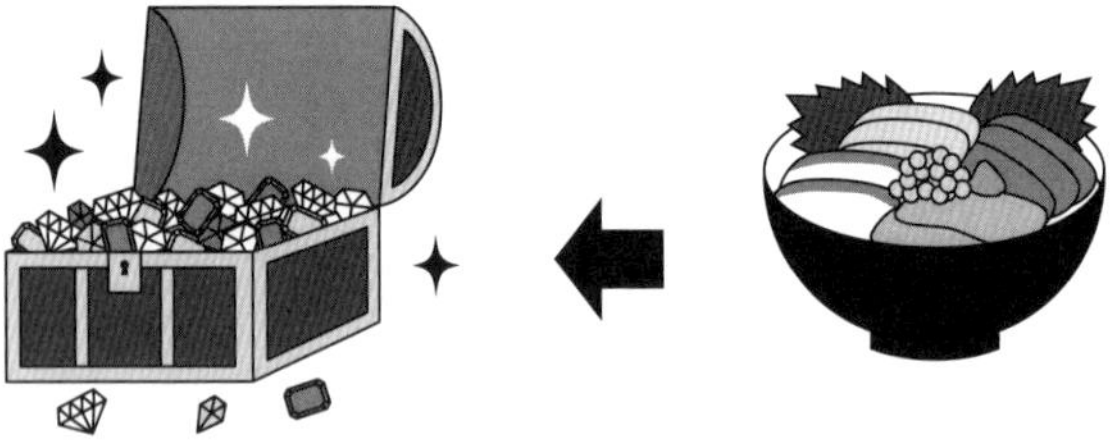

ど流行ったかどうか、正直疑問である。食べ物を宝石に見たてるのは常套手段のひとつだし、テッパンフレーズとして定着するには、インパクトに欠けていただろう。ではそのインパクトを生みだしたのは何か？

そう、「箱」である。宝石がひとつではなく、いくつもが箱の中で輝いている。ひと粒でもすばらしい宝石が、目の前にいくつもあるという幸せ。刺身は一種類でもおいしいが、海鮮丼や船盛りが人気なのは多種多様な味を存分に楽しめるという点にある。例に挙げた寿司も高級チョコレートもひとつだけ、あるいは一種類だけ食べることはあまりない。ケーキバイキングが人気なのも、目の前に並ぶ色とりどりのケーキを、好きなだけ選んで食べられることに幸せを感じるからだろう。宝石箱のイメージは、この種の多幸感をうまく演出してくれる。

もともとは海鮮丼の容器である丼を、「宝石箱」と表現したシンプルなメタファーである（**図1**）。だが、大きな丼に刺身とご飯が少しだけ入ったスカスカの海鮮丼がありえないのと同じように、宝石箱あるいは宝箱も、煌《きら》めく宝石類があふれんばかりに詰めこまれているイメージをもともと備えている。

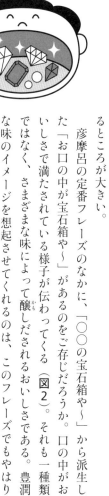

「海の宝石箱や〜」は、輝かしい新鮮な刺身の外見を宝石に喩えると同時に、そのすばらしい宝石が「箱」からこぼれ落ちそうになるほどたくさん目の前にあるという夢をみせてくれる。現実には、宝石がひとつか二つしか入っていない宝石箱や空っぽの宝石箱がいくらでもあるはずなのに、考えてみれば不思議である。「〇〇の宝石箱や〜」というフレーズを、海鮮丼以外の食べ物にも応用可能な万能フレーズに引きあげたのは、おそらくこうした「箱」の魔力によるところが大きい。

図2　お口の中が宝石箱

彦摩呂の定番フレーズのなかに、「〇〇の宝石箱や〜」から派生した「お口の中が宝石箱や〜」があるのをご存じだろうか。口の中がおいしさで満たされている様子が伝わってくる（**図2**）。それも一種類ではなく、さまざまな味によって醸《かも》しだされるおいしさである。豊潤な味のイメージを想起させてくれるのは、このフレーズでもやはり「箱」だ。ここでは「口」が「箱」の役目を果たしている。

しかし、**図2**に違和感を覚える方もいるのではないだろうか。口の中では宝石の輝きは見えないし、そもそも宝石は食べてもおいしくない。「イクラがルビー、アジがサファイア、鯛がオパールみたいに見えた」と彦摩呂自身も述べているように、最初は新鮮な刺身の輝きを宝石の輝きに見たてたメタファーだったはずである。それがいつの間にか、食べ物の「味」を「宝石」に見たてるメタファーとしても成立するようになった。

メタファーは、類似性を根拠とする比喩である。「味」と「宝石」はどこが似ているのだろうか。小野二郎のにぎる寿司や「ブルガリ イル・チョコラート」のチョコレート・ジェムズの例を思いだしてほしい。選びぬかれた素材と磨きぬかれた職人技は、「まさに『宝石』を作り出すプロセスそのもの」。つまり工程が似ているのだから、その結果である「味」にも「宝石」と同じような希少性や高級感、特別感が備わる。このタイプのメタファーは、外見の類似性に基づくタイプ（屋台の「鯛焼き」、地方の山の「○○富士」、人の脚になぞらえた「椅子の脚」など）と比べて使用できる範囲は狭い。だが、条件が揃ったときの表現効果（なるほどという納得感）は高い。

また、メタファーを成立させる類似性がより抽象的である点にも注目したい。「工程」の類似性を理解するためには、ある種の情報の解釈が必要になるし、そこから導きだされる特性は、甘味や塩味といったわかりやすいものではなく、より抽象度の高い「希少性」や「高級感・特別感」となる。さらに、「口」を「箱」とみなすのも抽象化のひとつであることを忘れてはならない。口には味蕾《みらい》があり、味を語るうえで極めて重要な器官である。そんな「口」を「箱」、すなわち「入れ物」に見たてるメタファーは、実はこれから扱う味をめぐるメタファーの根底にあるといってもいいかもしれない。

この節では、「〇〇の宝石箱や～」のヒットの秘密を探るなかで、「宝石」というごくふつうのことばの裏に気づきにくい豊かなバックグラウンドが隠れていること、そして「宝石」をチョイスすることによって、「宝石」ということばのネットワーク――宝石が呼びおこす連想のつながりや、宝石と結びつきやすい表現の集まり――が刺激され、思わぬイメージを呼びおこすことがあると述べた。ここでは「宝石箱」がそれにあたるが、この「箱」一語のパワーは絶大で、豊かな食・味のイメージを膨らませてくれることを説明した。「〇〇の宝石箱や～」のヒットはたんなる偶然ではなく、メタファーの力によるものだったといえるだろう。

次節では、メタファーの力をさらに検証するために、味をめぐる日常的な表現のなかで「素材」を「入れ物」と見たてるメタファーに注目しよう。

第二節　展開するメタファー

この節で扱うメタファーは、刺身を宝石に見たてるといった、比喩表現であることが誰の目にも明らかなメタファーとは少し趣が異なる。日常的な表現としてすっかり定着していて、指摘されなければそこに比喩が隠れていることにも気づかないような、ある種の「認識の型」といったようなものといえばいいだろうか。

ここでは、次の三つのメタファーを問題にする。

①素材は味の入れ物である。
②味は移動する。
③味は生きものである。

図3　素材は味の入れ物

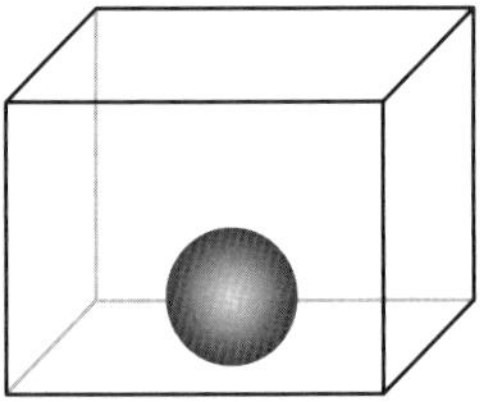

基本となる①は、**図3**の直方体が「素材」、中にある球が「味」という構造になる。つまり「素材の中に味がある」という見方。②と③は、①を土台として生きてくるメタファーだ。

出てくる味

「味が出る」。一見比喩とは無縁と思われるこの言い回しには、①と②が関係する。**図4**を見ながら、次の例を読もう。日本を代表するすし職人、「すきやばし次郎」の小野二郎は、明石のタコの味についてこう語る。

大阪で鮨屋の雇われ主人をしていた昭和二十九年から昭和三十年代半ばにかけて、私は、明石のタコの素晴らしさを、いやというほど思い知らされました。何も特別の工夫をしなくたって、ただ普通に揉んで、ただ普通に茹でてただけで、旨さとコクが十二分に出る。

（里見真三『すきやばし次郎　旬を握る』）

ここでは、**図4**の直方体が「タコ」、そこから外に出てくるグレーの球が「旨さとコク」を表す。もうひとつ小野二郎のことばを例として取りあげよう。

図4　出てくる味

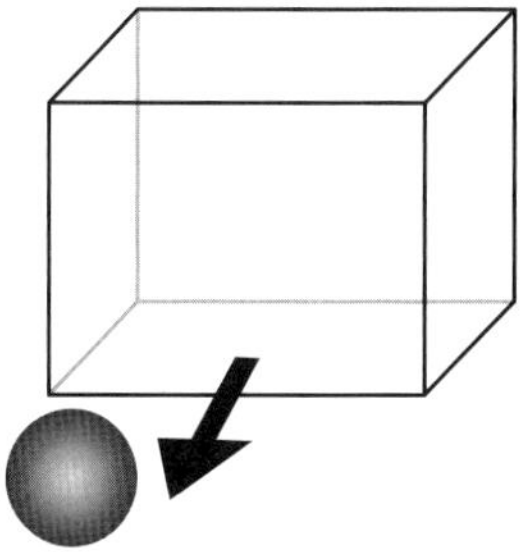

「すきやばし次郎」で使うゲソは子イカのものだけ、それもごく小さいゲソだけなのだそう。

スミイカが大きくなり始めた頃にゲソの注文があると、「あるにはありますが、やめといた方がいいですよ」と、お断りいたします。

お客さんが「欲しい」というものを素直に出せば、おカネにはなるでしょう。だけれども、自分が旨くないと思っているものを、「スミイカのゲソ、どうですか？　硬いけど、噛んでるうちに味が出ますよ」ってお薦めするのはイヤなのね。
（同前）

この例でも、イカという素材が「入れ物」、出てくる味が「グレーの球」と考えることができる。味や旨み、コクなどが「出る」というのはごくふつうの言い回しであり、このどこに比喩があるのか、と感じる方も多いだろう。だが考えてみてほしい。「出る」ってどこから？　もちろんタコとイカから、つまり素材からである。

でも本当にそうだろうか。実際に起こっていることは何らかの化学変化による味の変化であって、ものの「移動」ではないはずだ。明石のタコを揉んだり茹でたりすることで、タコの味が変化する。大きくなり始めたスミイカのゲソを噛んでいると、唾液に含まれる消化酵素の働きでイカの味が変化する。それを、まるで変化後の味が素材の中に元から潜んでいたかのように表現する。その方が、私たちにとってわかりやすいとらえ方だから。

変化は内から外へのものの移動ととらえる。この「出てくる」タイプの比喩に欠かせないのが「入れ物」だ。味に関しては、まずほとんどの場合「素材」が「入れ物」になる。「〇〇の宝石箱や～」のヒットの一因は、私たちの日常表現のなかに「素材」あるいは結果としての

「料理」を「入れ物」と見たてる認識の型が定着していることにもあるのだろう。それが「宝石箱」のイメージと重なり、宝石のようなすばらしい味が素材の中にいくつも入っているという、何とも豪華な味のイメージを想起させるのではないだろうか。

引き出す味

「味が出る」と「味を引き出す」は、図解すればどちらも**図4**である。この言い回しにも、①と②が関係する。違うのは、「○○を引き出す」という言い回しには、他動詞だから当たり前といえばそれまでだが、「○○を引き出したい」という、人間の存在と意志が欠かせない点だ。実際の例をみながら確認しよう。

まずは、京風うどんすきの名店、「権太呂」の看板商品「権太呂なべ」の紹介記事。名店のおだしは、家庭でとるだしとはひと味もふた味も違うのだ。

味の決め手はやはり、おだし。料理長が一日三時間かけて作るだしは、「黄金の一汁」と呼ばれています。早朝に汲み上げた地下水を用い、羅臼昆布と三種類の鰹節のうまみを引き出した、京風の丸みのある味わいです。

（ワークルーム・編『京都おとりよせコレクション』）

続いてパン好きにはおなじみの、ブーランジェリー「ブルディガラ」の紹介記事。

店内に並ぶ約80種類ものパンはハード系食事パンが中心。粉はフランス産、国産、ライ麦と17種類を使いわけ、発酵時間もパンによって変えるなどして個々のパンの風味や食感などを引き出しています。

（シルフ『大阪のとってもおいしいパン屋さん』）

京都のコーヒー店「アイオライト　コーヒーロースターズ」の吉田大輔のインタビューにも「引き出す」を見つけることができる。

「師匠は職人肌で、データや数値だけに捉われるのでなく、最後は五感で仕上げるということを教わりました。できるだけ素材そのもののよさを伝えられるように、雑味や渋味、焦げ感といった阻害要素を排除しながら、甘さを引き出すようにしています」

（「pen Online」「京都コーヒー界のカリスマが案内する、3軒の最旬ショップへ。」）

ここに引用した三つの例から、それぞれの職人のこだわりが伝わってきただろうか。時間をかけ、手間をかけ、「鰹節のうまみ」や「個々のパンの風味や食感」「(コーヒーの)甘さ」を引き出す努力を惜しまない。これはおいしいに違いない、と店へのアクセスを思わずチェックしてしまう。

雑誌やムック、テレビ番組でもそうだが、おいしい店・おいしい料理を紹介するというジャンルがある。このジャンルでは、ある店の料理がいかにおいしいか、いかにこだわりをもって作っているか、という側面がこれでもかと強調される。そんなとき「引き出す」とともに使われることの多いのが、「素材そのものの味」「本来の味」という表現だ。つまりここには「素材そのものの味」や「本来の味」を引き出すのは簡単ではない、という暗黙の了解が潜むことになる。一一一頁の明石のタコの例と比べてほしい。明石のタコのおいしさは、たいした手間をかけなくても「出る」。

実際、「素材そのものの味」「本来の味」という表現の使用頻度の高さには驚かされる。それほど特別なものなのだろうか。プロでなければ引き出せないのだろうか。グルメブームといわれて久しいが、実はかなり以前から、こうした「腕前の味」を必要以上にありがたがることに、疑問を投げかける人もいたようだ。長年、NHKの『きょうの料理』の講師を務めていた料理研究家、土井勝のことばである。

おいしいものというと、すなわちぜいたくなもの、値段の高いものだと思われがちです。しかしそうではなく、おいしくつくられたもの、ぜいたくにつくられたものは高いということなのです。（中略）一方、素材そのものの匂いや歯ざわり、持ち味のおいしさを食べるなら、本来、そんなに高くつくものではありません。素材がおいしいのは〝旬〟の時期で、また、旬というのは量もたくさんとれる時期ですから、いいものが安く手に入るのです。

（土井勝「グルメブーム／心と心の通じあう家庭」）

素材の種類や、和・洋・中などのもつ特殊性もあるので一概にはいえないが、真を突いた指摘である。「素材そのものの味」「本来の味」を「引き出す」というメタファー表現をあまりにも多く浴び続けると、それが日常的であるからこそいっそう、私たちの認識そのものも影響を受けてしまう。「プロの職人が手間暇をかけて引き出さなければ、素材本来の味を味わうことなどできない」「高いお金を払って食べる料理の方が、家庭料理よりおいしいに決まっている」と、メタファーの魔力に毒されてはいないか。

どちらが正しいというのではない。メタファーは、さまざまな視点から物事を多面的に描写することが得意なのだ。

留まる味

味が素材から「出てくる」ことによって、私たちの舌を楽しませてくれるとすれば、この表現「留まる」はどのように理解すればいいだろう。京都の料亭「菊乃井」の村田吉弘は、揚げもののコツをこう説明する。

> サクッと仕上げたいんなら小麦粉を使《つこ》うた衣をつける。カリッと仕上げたいんやったら片栗粉を使うた衣をつける。同じ粉でも仕上がりの食感は全然違うから、好みで使いわけたらええ。衣をつけることで中の旨みを閉じこめて外に逃がさんようにして、食材の持ち味を生かす料理やね。
>
> （村田吉弘『村田吉弘の和食はかんたん』）

ここでは味は「出てくる」のではなく、素材の中に「留まる」ことによって私たちを楽しませてくれる。味を「閉じ込める」というこのタイプには、①と②に加えて③も関係する。味を生きものと見たてるメタファーなんかどこにも見当たらないぞ、と感じる方もあるだろう。だが、「閉じ込め」たり、「逃がさんように」しないとひとりでに出ていってしまうものは、「生きもの」といっていいのではないだろうか。だから「味を生かす」料理となる。

東京・赤坂の「Wakiya一笑美茶樓」のオーナーシェフ、脇屋友詞は自身のレシピ本の冒頭で、家庭でおいしく中国料理を作るための極意を次のように教えてくれる。

中国料理をおいしく作るのに一番大切なのは、この下味つけかもしれません。この作業だけは、ていねいに行いましょう。肉や魚が驚くほどジューシーで柔らかく仕上がります。分かりやすく〝下味〟といいますが、素材に調味料と水分を含ませる作業です。まず塩やこしょうで味をなじませて粘りを出し、卵白を含ませるようにしながら水気がなくなるまで混ぜる。そこに片栗粉を混ぜて含ませた水分が出ないようにし、仕上げに油をからませて素材が空気に触れないように〝蓋〟をする、これが一連の作業です。

（脇屋友詞『中華のきほん、完全レシピ』）

こちらは、元からある味に調味料と水分をプラスしたうえで、素材という入れ物に「蓋をする」のだという。まさに「素材」を「入れ物」に見たてる発想だ。「出てくる味」「引き出す味」とはまったく逆の発想だ。不思議なのは、私たちがこの正反対のメタファー様式に何の疑問も感じずに日々使いこなしていることである。どちらのパタンにもちゃんと対応することができる。矛盾を感じることすらない。

　前節で「口」を「入れ物」と見たてるメタファーについて触れたが、どちらのパタンも口の中でおきることととらえれば、**図5**のようになる。大きい直方体が「口」を表し、小さい直方体が「素材」を表す。味が素材から出てくるタイプも、味が素材の中に留まるタイプも、その味は口の中で味わうことができる。

　問題は次のようなタイプだ。この型では旨味やコクの場合とは異なり、要らないものを素材から「出す」ことになる。村田による焼き魚のコツはこうだ。

> 魚などを焼く場合、臭みを抜いておくことが大切。いくら最高の火加減で焼いても、魚が美味しうなければ、焼き上がりはそれなりのもんにしかなりません。まず塩をしておいて臭みを取る。
>
> （村田吉弘『村田吉弘の和食はかんたん』）

図5　出てくる味と留まる味

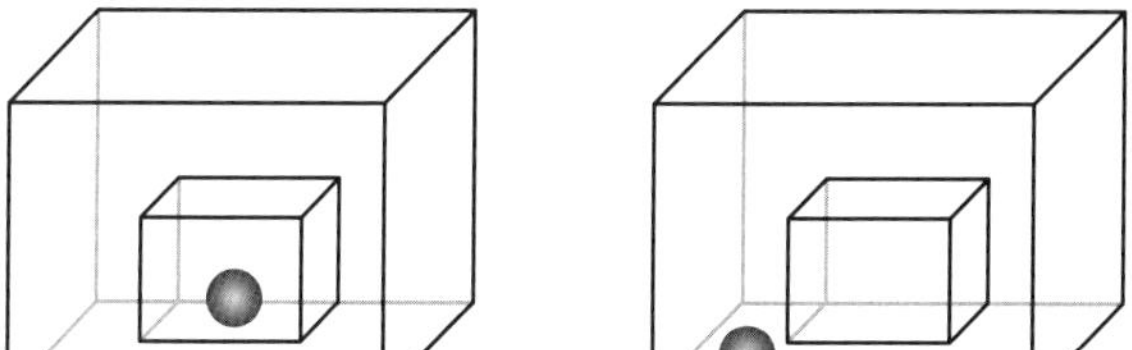

図ではグレーの球として表される「味」がおいしい味ばかりではないことを、この例は思いださせてくれる。図解すれば**図6**になる。臭みやえぐみなどは「素材」からだけでなく、あらかじめ「口」に入らないようにしておかなければ「美味しう」ない。

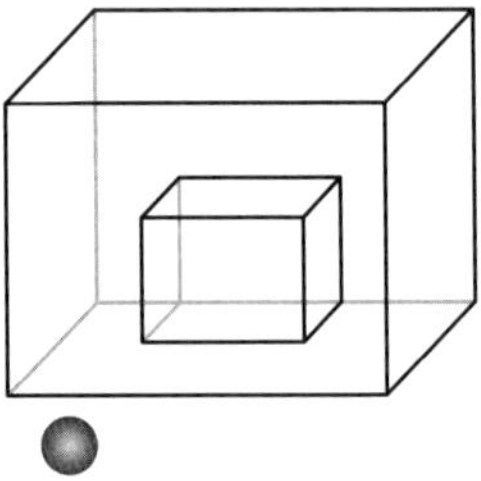

図6　味を抜く

広がる味

先ほどの「出てくる味」の変化形として「広がる味」がある。味が素材から出て、(口の中に)広がると考えられるからだ。ある種のおいしさを表すのに使われる「広がる」は、「出る」とどう違うのか。まずは例をみていただこう。

老舗料亭［雲月］の懐石料理から生まれた塩昆布は、見た目も味も繊細。噛みしめるほどに昆布の旨みがじわりと広がる贅沢な味わいだ。

(京阪神エルマガジン・編『手みやげを買いに【関西篇】』)

口の中に旨味が「広がる」というそのままの表現だ、と考えることもできるかもしれない。だが口の中はそんなに広くはない。ハンバーグやメンチカツを口に入れ、噛んだ途端に肉汁が「ジュワッと」広がるのとは違うだろう。

右の例の「噛みしめるほどに」の部分に注目してほしい。噛むことによって唾液が分泌される。たとえばご飯の場合だと、主成分であるでんぷんが唾液中のでんぷん分解酵素の働きで分解されて、ほのかな甘味が出るのが二〇～三〇回噛んだ頃らしい。「昆布の旨みがじわりと広がる」で「距離」として表現されているのは、おもにこの甘味・旨味が出てくるまでの「時間」のことではないか。

塩昆布と同じように噛んで味わう例をもうひとつ。京都の漬物店、「村上重」のこぶ大根を紹介した文章だ。

> 大根は皮つきのまま、ひと口大の角切りに仕上げてあります。昆布のとろみ、ぱりっとした大根のみずみずしさと甘み。おいしさがじわっと広がります。
>
> （ワークルーム・編『京都おとりよせコレクション』）

塩昆布の「じわりと」に対して「じわっと」広がる漬物のおいしさは、ぱりっとした大根を噛んでこそ出てくるものだろう。

では噛まない食べ物については、「広がる」は使われないのか、というとそうでもない。京都の「紫野和久傳」の一品を紹介した記事をみてみよう。

ふるふると黄金色に透き通った「すっぽんの煮こごり」は、固まる寸前のジュレのよう。ていねいに下ごしらえした長崎産すっぽんを、水と清酒とともにアクを取りながら長時間煮込んだ、にごりのない澄んだスープ。しょうがの香りとすっぽんのうまみが広がります。

（同前）

スープなら、肉汁のように一気に口の中に広がるのでは？　と疑問をもたれるかもしれない。だが、答えは私たちの旨味の感じ方にあった。

うま味は、まず口に含んだときに感じ、吐き出したとき（あるいは飲み込んだとき）にもう一度感じ、それが長く持続するのが特徴です。これは一般にあと味といわれているもので、うま味のあるスープや、だしの利いた煮物などを食べたあと、口の中に余韻が残るのは、うま味物質のこのような特徴によるものです。

（日本味と匂学会・編『味のなんでも小事典』）

旨味とは逆に、苦味や酸味は、毒や腐敗を暗示させるからか、人間は食べてはいけないものとして素早く反応し、それを口の外に排出する。確かに、ビールやコーヒーの苦味のように私たちが学習して好むようになった苦味をのぞけば、「○○の苦味が広がる」なんてなかなかいわない。

とすると、ハンバーグやメンチカツの肉汁も旨味なのだから、「広がる」が味に関して使われるときは、物理的な距離のことではなく「時間」を「距離」に見たてるメタファーを中心にする表現なのだという結論に落ち着きそうだ。

では「出てくる」との違いはどこだろうか。噛んでいると味が「出る」というスミイカのゲソの例を思いだしてほしい。「出てくる」は、状態の変化を物の移動に見たてたメタファー。「出る」では「無」から「有」への状態の変化がはっきりしているのに対して、「広がる」は、口に含んだときからほのかに感じられる旨味が徐々に強く感じられるようになり、その感覚が長く続くという、状態の変化と持続を表す傾向がある。メタファーに正解はないのだが、「広がる」が好まれるのは、旨味や甘味を楽しめる食べ物の場合が多い。

この章では、味を「もの」、素材を味の「入れ物」に見たてるメタファーを中心に、状態の変化を内から外へのものの移動に見たてるメタファー、味を「生きもの」に見たてるメタファー、ある程度持続する状態を「距離」に見たてるメタファーとの関係について実例を紹介しながら考えてみた。図解することによって、「入れ物」と「中身」のメタファーと、状態の変化をものの移動に見たてるメタファーの普遍性が、よりはっきりしたのではないだろうか。「出てくる」「引き出す」「閉じ込める」「取る」「広がる」といった、ごくふつうの、まさか比喩表現とは誰も思わないような言い回しにも、メタファーが隠れていることに気づいていただければうれしい。このような隠れたメタファーの威力は実ははかりしれない。

引用文献

・京阪神エルマガジン・編、二〇一八年、『手みやげを買いに【関西篇】』、えるまがMOOK、八八頁
・里見真三、二〇〇一年、『すきやばし次郎 旬を握る』、文春文庫、五一頁、九六頁
・シルフ、二〇〇七年、『大阪のとってもおいしいパン屋さん』、メイツ出版株式会社、一二頁
・デイリースポーツオンライン、二〇一九年、「彦摩呂、名言『宝石箱や〜』誕生秘話を明かす 『悩んでいる時期』に」デイリースポーツ http://www.daily.co.jp/gossip/2019/07/14/0012514143.shtml
・土井勝、二〇一四年、「グルメブーム／心と心の通じあう家庭」『おいしいおはなし』（高峰秀子・編）、ちくま文庫、一八八 - 一八九頁

・日本味と匂学会・編、二〇〇四年、『味のなんでも小事典』、講談社ブルーバックス、五七頁
・NEWSポストセブン、二〇一四年、「彦摩呂『〇〇の宝石箱や〜』はマンネリ打開のためだった」、小学館　https://www.news-postseven.com/archives/20140412_250973.html?DETAIL
・ブルガリ　イル・チョコラート　https://gourmet.bulgari.com/shop/pages/chocolate.aspx
・pen Online、二〇一〇年、「京都コーヒー界のカリスマが案内する、3軒の最旬ショップへ。」CCCメディアハウス　https://www.pen-online.jp/article/001233.html
・村田吉弘、二〇〇一年、『村田吉弘の和食はかんたん』、光文社女性ブックス、三九頁、五三頁
・山本益博、二〇〇三年、『至福のすし』、新潮新書、一八三頁
・ワークルーム・編、二〇〇七年、『京都おとりよせコレクション』、光村推古書院、一五頁、三〇頁、四七頁
・脇屋友詞、二〇一六年、『中華のきほん、完全レシピ』、世界文化社、七頁

コラム3 苦みばしったいい野菜

小森道彦

テレビで紹介される野菜は、たいてい糖度が高い。雪をかぶった白ネギを収穫してかじった瞬間、レポーターが「あま〜い」と声を高める。ホームセンターのナスやトマトの苗には、「純あま」のような札がかかる。子どもに野菜を食べさせるのに悩んでいる親も多いだろう。細かく刻んで料理に混ぜる？ そんな工夫をしなくても、有機栽培なら野菜本来の甘みが増していて、子どもでも喜んで食べると聞く。

有機栽培の野菜には野菜本来の苦みもあるが、現代の日本では甘さは正義で、苦さや青臭さは悪なのだ。でも、野菜が「糖度○度以上」「メロンやいちごより甘い」などといわれると、複雑な気持ちになる。糖度だけで売っていいのだろうか。甘い野菜だけがおいしいのだろうか。

野菜はもともと青臭く、苦み・えぐみのあるもの。それが現代の栽培方法と流通システムなどで失われてしまった。甘くはなったが、深い味わいが消えたから、昔のトマトを懐かしむ人がいる。キュウリだってあのチクチク、トゲトゲが少なくなり、「さわやかな青い香り」が遠のいて淡白になってしまった。

春の到来を告げるタラの芽やコシアブラは、自然のままの山菜だから、そのほろ苦さは健在。天ぷらにしていただくと、春の青い息吹をそのまま浴びて自然と一体化するような贅沢が味わえる。ただ、この味は受け継がれていくのだろうか、と胸にチクリと痛みが走る。

第四章　女の「うまい」・男の「おいしい」
——男性しか「うまい」と言わないのか？

稲永知世

ネットの掲示板のトピ主（最初にトピックを投稿した人）の質問はこうでした。

「食事中に女性が『うまい！』と言う（使う）ことを嫌だと思う方おられますか？」

それに対する返答のひとつ（性別・男性）。

「『うまい』などと人前で恥ずかしげもなく発言するような女性とはお近づきになりたくありません。よってそのような女性と自分の親を交えて食事などすることはありません。」

続けて、

「日本語には男言葉と女言葉が今でも存在します。そして『うまい』は男言葉であり、しかも男言葉の中でも決して上品な言葉ではなく、むしろ公共の場で使うべき言葉ではありません。あえてそういう言葉を女性が使う必要性がどこにあるのでしょうか。『おいしい』と言ってはいけないのでしょうか。」

さらに

「女性言葉はテレビドラマや映画の中だけに存在し、現実には聞かなくなりつつあります。（中略）多くの女性は今一度自分の言葉を見直した方がよいと思っています。」（傍線は筆者）

右の引用は、『Yahoo! 知恵袋』（二〇一〇年三月三一日）からである。回答者のコメントから、「味ことばのなかには、女ことばと男ことばが存在する」という考え方が見え隠れする。しかしながら、この回答者は、女ことばが、テレビドラマや映画の中だけに存在し、現実には聞かなくなりつつあると考え、女が実際に使っていることばではない、と認める。また、女ことばを多くの女性が、いま一度自分のことばを見直すための抽象的な規範である、とみなしていることがわかる。

この章では、ジェンダーに基づいて、味ことばに関する規範と現実の落差をのぞいてみたい。とくに、「うまい」「おいしい」といった味覚評価をする味ことばとジェンダーの関係に焦点を当てて、次頁の①と②を調べていく。なおジェンダーは、「性別そのもの」を表す場合や「社会的につくられた男女差（ジェンダー差、性差）」（加藤秀一『ジェンダー入門』）を表す場合などがある。

①グルメ漫画における男女の味ことばを分析することにより、作者が男女の登場人物にどのような味ことばを割り当てて、味覚を表現しているのか。
②グルメ番組における男女の味ことばを分析することにより、出演者が実際にどのような味ことばを使用して、味覚を表現しているのか。

第一節　「うまい」は男性専用？

次のセリフはどんな印象を与えるだろうか。

「やっぱ骨のまわりうめーわ」

（新久千映《しんきゅうちえ》『ワカコ酒』三巻）

このセリフを発したのは、女性だろうか、男性だろうか、若者だろうか、年配者だろうか。
答えは、二六歳の女性である。ここで大事なのは、読者がどのような人物を思い浮かべたかではない。なぜその人物を思い浮かべたかである。

では、おいしいものを口にしたとき、実際に自分でどう表現するだろうか。さまざまな要因が絡むだろう。老若男女の違いだけでなく、どの地域で暮らすのか、また職業など。「うまい」の表現は一律ではない。

辞典にみる「うまい」の定義

まず中村明『日本語 語感の辞典』のなかで定義される味覚評価表現「うまい」と「おいしい」の語義の違いをみよう（傍線は筆者）。

うまい【旨い】

「味がよい」意の普通の表現だったが、「おいしい」が多用されるにつれて、男性がくだけた会話などで使う少しぞんざいな響きを感じさせることばになってきている。

おいしい【美味しい】

「味がよい」意の上品な表現だったが、今では男性でも多用するようになり、普通のことばに近づきつつある。

小学館国語辞典編集部・編『精選版　日本国語大辞典』では、「うまい」の語義に次の補注がつく（傍線は筆者）。

味の良さを表わす場合、類義語「おいしい」が、古語「いしい」の女房詞に由来する語であることもあって、現代共通語では、女性は「うまい」より「おいしい」を使う傾向がある。

これらの辞典の説明を読むかぎり、味のよさを表すのに、「うまい」を選ぶのか、それとも「おいしい」を選ぶのかは、ジェンダー（性別そのもの）の影響を受けそうである。また、B・M・FTことばラボ・編『ふわとろ』でも、ジェンダーや年齢によって、おいしさを感じることばには違いがあると報告されている。

男性の「うまい」の使用は思いこみ？　それとも現実？

しかし、ほんとうに「うまい」は男性だけがくだけた会話などで使用する味ことばだろうか。郡千寿子の論文「味覚表現の『おいしい』と『うまい』―ビールの広告用語からの検討―」では、ビール広告での「うまい」の使用がジェンダーと結びついているわけではなく、「うまい」は、「相手に直接的に断定的に訴える語であり、より効果的な発信力がある語として、扱われていた可能性が大きい」と述べる。省みて、筆者自身は自らを一応女性と性自認しているが、「おいしい」のみを使用するわけではない。おいしさをことばにする時間さえ惜しいとき、あるいは思わずおいしさを口にしてしまうときには、短めの「うまっ」を使用することもある（無論、「くだけた会話」でなければ、「うまい」系の表現はやはり使いづらい）。

しかし、実際の言語使用と異なり、グルメ漫画などでは、作者が「女性（男性）であれば、このように表現するだろう」という知識（社会的につくられた男女差）に基づいて、登場人物に味ことばを割り当てる。そこで、この章では、グルメ漫画のなかで使用される味ことばは、現実の人物の実際の表現ではなく、「『こういうグループの人間はえてしてこういう性質を持っている』という知識」（金水敏『〈役割語〉小辞典』）であると考える。そして、グルメ漫画における味ことばを分析することにより、「登場人物が女性（男性）であれば、味を表現するさいにこう話すだろう」という作者の暗黙的な想定を明らかにしたい。さらに、実在する男女の話し手が味を評価するときに使用する味ことばを明らかにするため、第三節ではグルメ番組も取りあげる。

第二節　グルメ漫画のなかの「うまい」と「おいしい」

第二節では、グルメ漫画において使用された味ことばを分析し、その登場人物にどのような味ことばが割り当てられたのかをみていく。

分類に入る前に、この節で扱うグルメ漫画について簡単に説明しよう。まず、『ワカコ酒』は、新久千映による漫画である。主人公村崎ワカコ（二六歳・会社員）が、季節や気分に合わせて店にひとりで入り、そのときどきに出会った料理を肴に、酒を嗜《たしな》む様子が描かれる。つぎに阿部潤による『忘却のサチコ』。主人公佐々木幸子（文芸誌編集者）が、食堂でおいしいサバ味噌を食べて、結婚式当日に突如逃げた婚約者のことを忘れられた「忘却の瞬間」をえられたことがきっかけで、美食を追いかけるようになる。『孤独のグルメ』は、久住昌之（原作）・谷口ジロー（作画）による漫画である。個人で輸入雑貨商を営む井之頭五郎（酒を飲めない！）が、仕事の合間に店で食事をする様子が描かれる。最後は安倍夜郎《やろう》による『深夜食堂』。深夜二四時から朝七時まで営業の、新宿・花園界隈の路地裏にある食堂には、メニューが豚汁定食・ビール・酒・焼酎しかない。しかし、客からの注文が入れば、マスターは作れるものなら何でも作る。漫画のなかでは、その料理を介した人間模様が描かれる。

味を表現するときに、人はひとつの味ことばだけを使用するわけではない。「お湯割りにふさわしいフレッシュなしっかり味」(『ワカコ酒』一一巻)のように、複数の味ことばの組み合わせもある。この複合の味ことばは、主人公村崎ワカコが小さなサバのポン酢漬けを食べ、焼酎のお湯割りを飲んだあとに発したものである。傍線部の表現は、「フレッシュな味」や「しっかり味」といった単独の味ことばとは異なる意味を読者に伝達することになるだろう。そこで、この章では、複数の要素からなる味ことばもひとつの味ことばとして分類する。

筆者のカウントではグルメ漫画において出現した味覚評価表現の総数はそれぞれ男女合わせて、次のとおりである。『ワカコ酒』(一〜一五巻:二八〇例)、『忘却のサチコ』(一〜一五巻:一二四例)、『孤独のグルメ』(一・二巻:八四例)、『深夜食堂』(一〜一五巻:一一六例)。それでは、具体的に女性および男性の登場人物にどのような味ことばが割り当てられたのかをみてみよう。

「うまい」と「おいしい」の割り当て率

グルメ漫画における「味を評価する表現」は、次のように分類できる。味に限定されない一般的な表現(「けっこうリッチな味」「完璧な味わい」「ヘルシーな味」「癖ニナル味」)、人の性格などを表す表現(「とってもやさしい味」「すてきなあじ」「マジメな味」)、味そのものを評価する表現(「旨すぎるだろ」「たまらなくおいしい」「うまくないな」「ぜんぜんうまいっス」)、

表1-1　味覚評価表現の出現数・出現率
（グルメ漫画合計／女性）

味覚評価表現	出現数	出現率（%）
「おいしい」系	**197**	**44.57**
「うまい」系	124	28.05
その他	121	27.38
合計	442	100

表1-2　味覚評価表現の出現数・出現率
（グルメ漫画合計／男性）

味覚評価表現	出現数	出現率（%）
「おいしい」系	18	11.1
「うまい」系	**127**	**78.4**
その他	17	10.5
合計	162	100

などである。作中の登場人物は、これらの表現を駆使し、味に関わることがらを評価する。そのなかでも、味そのものを評価する表現（味覚評価表現）に注目しよう。ここでは、味覚評価表現を「おいしい」系、「うまい」系、「その他」に分類して、出現数および出現率（%）を提示する。「美味しい」「オイシー」「おいしかった」といった「おいしい」の変化形を「おいしい」系、「うまっ」「旨かった」「ウマイ」といった「うまい」の変化形を「うまい」系とする。また、「イケる」「ごちそう」「まずい」といった表現や「旨味」「うまみ」といった表現を「その他」の味覚評価表現とする。

表1－1および**表1－2**は、グルメ漫画の作者が女性および男性の主要登場人物に割り当てた味覚評価表現の出現数および出現率（%）を示す。

表1-3　味覚評価表現の出現数・出現率
（『ワカコ酒』／女性）

味覚評価表現	出現数	出現率(%)
「おいしい」系	**129**	**46.07**
「うまい」系	**103**	**36.79**
その他	48	17.14
合計	280	100

まず、**表1－1**をみると、女性に関しては、「おいしい」系の出現率が一番高い（四四二例中一九七例［四四・五七％］）。対照的に、男性に関しては（**表1－2**）、「うまい」系の出現率が一番高い（一六二例中一二七例［七八・四％］）。どちらとも先の辞典の記述と合致しているが、女性の場合、「おいしい」系の使用は半数を割る一方、男性の場合、「うまい」系の使用が突出しているところが興味深い。

それでは、ここで、味覚評価表現の出現数および出現率（％）を漫画ごとに吟味しよう（**表1－3〜7**）。

表1－3において、『ワカコ酒』の「おいしい」系と「うまい」系の出現率を比較すると、四六・〇七％（二八〇例中一二九例）と三六・七九％（二八〇例中一〇三例）である。「おいしい」系（「そもそも地のコロッケがとてもおいしい」「ほうれん草おいし」「もういいよ！　身だけでもおいしいし！」「塩味にネギだれをかけるとおいしいんだよ」「予想を超えておいしいぞ」）の出現率が一番高いものの、「うまい」系（「柔い　うまい」「うめーーー」「う…うまい！　ウインナうまい！」「ビールうましーーーーーー」）の出現率も決して低いわけではない。前出の中村明『日本語

表1-4　味覚評価表現の出現数・出現率
（『忘却のサチコ』／女性）

味覚評価表現	出現数	出現率（%）
「おいしい」系	38	30.64
「うまい」系	15	12.1
その他	**71**	**57.26**
合計	124	100

語感の辞典』における記述（『男性がくだけた会話などで使う少しぞんざいな響きを感じさせることば』）とは異なる実態を表すのではないだろうか。

表1－4（『忘却のサチコ』）では、**表1－3**と比較すると、「その他」の出現率が一番高い（一二四例中七一例［五七・二六%］：「新鮮で、野菜そのものの旨味を感じる…!!」「これはそうとうイケる!!」「口に広がるしっかりとした鶏の味わい!」「野趣あふれる独特な鹿肉の滋味!!」）。つぎに、「おいしい」系と「うまい」系の出現率をみると、『ワカコ酒』同様、「おいしい」系の出現率が高い（「おいしい」系＝三〇・六四%、「うまい」系＝一二・一%）。ちなみに、『忘却のサチコ』における「おいしい」系と「うまい」系には次のようなものがある。

「おいしい」系／「コクが増して更においしくなった!」「んーーー、きちんとあたたかくてすごくおいしい…」「なにこれ!? お…おいしい…」「しっかりした旨みがあって…おいしい…」

表1-5　味覚評価表現の出現数・出現率
（『孤独のグルメ』／男性）

味覚評価表現	出現数	出現率(%)
「おいしい」系	12	14.3
「うまい」系	**65**	**77.4**
その他	7	8.3
合計	84	100

「うまい」系／「うまかっ…た… 今…私… 俊吾さんのこと忘れてた……？」「つるっとうまい!!」「うまーーー!! なに、このうまさ!!」「これぞ、旨さと辛さの波状攻撃!!」

一方『ワカコ酒』と異なり、『忘却のサチコ』においては、「うまい」系の出現頻度がかなり低い（『ワカコ酒』＝三六・七九％、『忘却のサチコ』＝一二・一％）。これには、さまざまな理由が考えられる。たとえば、①「うまい」系を実際に使用するのは男性が大半であり、『ワカコ酒』における女性登場人物の描かれ方が特殊である、②『ワカコ酒』と比較して、『忘却のサチコ』では、味ことばそのものの出現数が少ない、③『忘却のサチコ』の作者阿部潤が「女性ならばこう言うであろう」という先入観に影響を受けている、などである。

それでは、男性による味覚評価表現の使用をみよう。**表1‐5**（『孤独のグルメ』）をみると、主人公の井之頭五郎は、「おいしい」系よりも「うまい」系を頻繁に使用する（「おいしい」系：一四・三％、「うまい」系：七七・四％）。他方、『孤独のグルメ』における女性の味覚評価表現の出現数は、東京都品川区東大井で

表1-6　味覚評価表現の出現数・出現率（『深夜食堂』／男性）

味覚評価表現	出現数	出現率（%）
「おいしい」系	6	7.69
「うまい」系	**62**	**79.49**
その他	10	12.82
合計	78	100

表1-7　味覚評価表現の出現数・出現率（『深夜食堂』／女性）

味覚評価表現	出現数	出現率（%）
「おいしい」系	**30**	**78.95**
「うまい」系	6	15.79
その他	2	5.26
合計	38	100

井之頭五郎が冷やし中華を食べているときに、隣の女性客がタンメンを食べながら発した「おいしい！」「おいしい」の二例のみである。『孤独のグルメ』における男性の「うまい」系の出現率および女性の「おいしい」系の使用は、先の辞典の記述と合致し、この数値から考えると、「うまい」系は、男性との結びつきが強そうである。

表1－6および**表1－7**に移ろう。

『深夜食堂』においても、男性の味覚評価表現の使用は、「うまい」系が約八割を占める（七八例中六二例［七九・四九％］：「この方がソースがしみてうまいんだよ。うちじゃ一晩ねかせるからね。」「マスター、すごくうまいっス。」「うめ〜〜！　銀座あたりの洋食屋よりうまいっスよ！」）。一方、女性による使用は、主に「おいしい」系である（三八例中三〇例［七八・九五％］：「おいしい、やっぱ肉よね！」「んー、マスターおいしい！」「キャベツがすごくおいしい」）。また、女性による「うまい」系の使用は、三八例中六例（一五・七九％）であり、『深夜食堂』においても、味覚評価表現の出現数および出現率は、先の辞典の記述と合致する。

男女の登場人物に「うまい」「おいしい」を選択させる要因は？

それでは、作者はどのような要因により、女性および男性の登場人物に「うまい」系あるいは「おいしい」系の味覚評価表現を選択させるのかをみよう。女性登場人物に関しては「おいしい」系、男性登場人物に関しては「うまい」系の出現率が高かった。そこで、女性の登場人物の場合にはなぜ「うまい」系が割り当てられたのか、男性登場人物の場合にはなぜ「おいしい」系が割り当てられたのかに注目する。

『ワカコ酒』および『忘却のサチコ』において、女性登場人物が使用した「うまい」系は、次の飲食物に対してである。

『ワカコ酒』（全一〇三例）
酒類／ビール、日本酒など（一八例）
料理類（八五例）
『忘却のサチコ』（全一五例）

サバ味噌（四例）、ビール（一例）、かつ丼（一例）、わんこそば（一例）、飛騨牛の串焼き（一例）、飛騨牛バーガー（二例）、ゆしどうふ（一例）、白麻婆豆腐（三例）、麻婆カレー麺のスープ（一例）

『ワカコ酒』においては、料理類で「うまい」系が多用されるという特徴があり（一〇三例中八五例［八二・五二%］）、他のグルメ漫画と比較して、女性による「うまい」系の出現率が際だって多い。これは、作者・新久千映が女性であり、自身が実際に使用する味覚評価表現を反映させた可能性がある。

一方、『忘却のサチコ』においては、どのような料理（飲み物）に対して「うまい」系が使用されるかに関する顕著な傾向はみられない。そこでここでは、何巻あたりにおいて、「うまい」系が出現したかに注目したい。全一五例中一一例が第四巻までに出現する。つまり、第五巻以降（一五巻まで）において佐々木幸子による「うまい」系の使用は激減しているのである。これは、作者・阿部潤による主人公の人物像が定まったためではないか。「うまい」系の減少にともなって、終助詞「ね」「わ」などの使用が散見されるようになる（「ああ、このお肉にしみこんだあっさりめのスープが肉汁と相まって、スルスルといくらでもいけるわね」「こんなおいしい物を川下りしながら食べられるなんてなんて贅沢なのかしら!!」「この味わいはイカ天からだったのね」)。現在では若年層の女性があまり使用しないといわれているこれらの終助詞を佐々木幸子に割り当てているのは、「女性ならばこう話すだろう」という女ことばに対する「想定」に作者が依拠しているからではないか。

さて、『孤独のグルメ』において、井之頭五郎が「おいしい」系を使用したのは、豆かん(一例)、たこ焼き(三例)、饅頭(一例)、おでん(二例)、ペルー料理(一例)、冷やし中華(一例)、鳥取カレー(一例)、麦茶(一例)、魚料理(一例)の計一二例である。井之頭五郎は「おいしい」系の使用に関して、顕著な傾向があるとは言いがたい。そこで、ここでは、井之頭五郎が「おいしい」系を使用した場面に注目したい。

まずは次のセリフをみよう。

「いやぁ　おいしいです」

(久住昌之/谷口ジロー『孤独のグルメ』二巻)

右は、東京都新宿区信濃町のペルー料理屋にて、井之頭五郎が店主に対して発したことばである。ひとりで誰とも話すことなくご飯を食べることの多い井之頭五郎が珍しく、他者と会話を交わす場面である。初対面である店主にペルー料理の味を評価するということで「くだけた会話」ではないため、井之頭五郎が男性であっても、「おいしい」系が割り当てられたのだと考えられるだろう。

発話をもうひとつ。

「おいしいです　ほんとに……これ」

（久住昌之／谷口ジロー『孤独のグルメ』一巻）

右は、井之頭五郎が出張先の大阪市北区中津にあるたこ焼き屋（屋台）に寄ったときにたこ焼きを食べて発したセリフである。ただし、このセリフは、井之頭五郎が誰か聞き手に向けて発したセリフではない。周りの客の会話を受けて、心のなかでつぶやいたものである。つまり、心のなかのセリフであったとしても、他者を意識したものであり、さらに初対面の人がいるということで、くだけた会話ではない。それゆえ、作者は井之頭五郎に「おいしい」系を選択させたのではないかと考えられる。

次に『深夜食堂』における男性による「おいしい」系の出現率は、七八例中六例（七・六九％）である。具体例は次のとおり。

①「美味シクナイケド、癖ニナル味デス。」（フリオ／イタリア人）
②「おいしいです 豆腐がうまい！」（涼／ホスト）
③「ホントここの豆腐はおいしいです」（涼／ホスト）
④「美味シイデス。」（ラジェ／インド人）
⑤「ソウデスカ？ トテモ美味シイデス。…デモ納豆ハダメネ。」（エリック／アメリカ人）
⑥「オイシイデス。」（マルコ／フィンランド人）

（安倍夜郎『深夜食堂』第一巻、四巻、五巻、六巻、一一巻）

右の六例中四例は、外国出身の登場人物のセリフである（カタカナ表記のことばは、外国出身者が話す場合に用いられる「役割語」）。つまりたとえ男性であったとしても、日本語がそれほど流暢ではない設定の登場人物には「うまい」系は割り当てられない。

また②と③の涼には聴覚障がいがあり、マスターとのやりとりは筆談である。書き言葉ゆえのフォーマルさが生じるため「おいしい系」が割り当てられたという面もあるのだろう（ただし、②の後半では、涼の心情を吐露するように、「うまい」系が使用される）。

そして、『深夜食堂』における女性による「うまい」系の出現率は、一五・七九％であった。ここで、具体例を提示する。

①「これが一番うめぇや」（リョーマ藤崎／プロレスラー）
②「うまい！　あ〜〜〜コレが食べたかったのよ」（市川先生／工業高校の元英語教師）
③「うめ〜〜〜っ!!」（まゆみちゃん／イラストレーターで大食いの常連客）
④「うめぇよ。マスター　アタシにも一皿おくれよ」（レンさん／年配の常連客）
⑤「うめ〜〜〜っ!!」（歌舞伎町のガールズバーで働く女性）
⑥「うめ〜〜〜っ!!」（歌舞伎町のガールズバーで働くもうひとりの女性）
（安倍夜郎『深夜食堂』一巻、四巻、八巻、一三巻、一五巻）

ここでは、①〜⑥の「うまい」系が割り当てられた女性登場人物がどのような人物として描かれているかに注目しよう。それぞれのセリフの下の（　）内に誰が発したセリフであるかを記載している。①は、リョーマ藤崎（プロレスのチャンピオン）がキュウリのぬか漬けを食べて発したセリフである。リョーマ藤崎は、路上ライブ中に他の男性に殴られている将平を助けるなど、もともと力の強い女性として描かれ、作者はリョーマ藤崎に「ジロジロ見んなって言ってんだろ!?」といった男ことばを使わせる。ところが、将平と恋人同士になると、他の客がリョーマ藤崎の態度を見て「リョーマ藤崎、この頃女っぽくなったなぁ」と言うように、口数が少なくなる。その後、リョーマ藤崎はプロレス界へと復帰し、以前のような彼女らしさを取り戻す。その時に発したセリフが「これが一番うめぇや」である。つまり、作者の頭のなかにある「いわゆる女らしさ」から逸脱した場合に「うまい」系が割り当てられたのではないだろうか。②～④においても同様のことがいえる（たとえば、②の市川先生は、退学となった生徒に「パチンコで勝ったから」と餞別としてお金を渡したことのある人として描かれる）。しかし、⑤と⑥を発したのは、歌舞伎町のガールズバーで働く女性二人であるが、ホストクラブで働くサトシ（源氏名・レオナ）そしてマスター（男性）とともに発したセリフであることが影響している可能性がある。

作者が思い描く「女の味」・「男の味」とは？

グルメ漫画の分析から、男性登場人物には「うまい」系、女性登場人物には「おいしい」系が割り当てられる傾向にあることがわかった。例外的な漫画（『ワカコ酒』）はあるものの、グルメ漫画のなかでは、「女性は『おいしい』系、男性は『うまい』系を用いる傾向が強い」、「一般的な女性像・男性像を逸脱した人物は逆の場合もある」、「くだけた場面でない場合は男性でも『おいしい』系を使用する」という作者の想定が見え隠れしたのではないだろうか。

第三節　グルメ番組のなかの「うまい」と「おいしい」

第二節では、女性および男性の登場人物による「うまい」「おいしい」などの味覚評価表現の使用に関して、グルメ漫画作者の頭のなかの想定（社会的につくられた男女差）に焦点を当てた。第三節では、グルメ番組（『吉田類の酒場放浪記』および『おんな酒場放浪記』）の出演者が使用する味覚評価表現を分類することにより、女性および男性の「出演者が実際にどのような味ことばを使用して、味覚を表現するのか」を明らかにする。

分析に入る前に、この節で扱うグルメ番組について簡単に説明しておこう。『吉田類の酒場放浪記』は、吉田類（イラストレーター・俳人）が東京近郊を中心に日本各地の酒場を紹介する番組であり、二〇〇三年九月一日から毎週月曜日二一時～二二時（BS‐TBS）に放送中である。『おんな酒場放浪記』は、『吉田類の酒場放浪記』のスピンオフ番組で、数名の女性出演者が交代で一名ずつ過去に吉田類が訪れた酒場を紹介している。二〇一二年四月七日から毎週金曜日二三時～二四時（BS‐TBS）に放送中だ。これら二番組は、番組構成がほぼ同じであり、味覚評価表現のばらつきが少なくなると考えた。

筆者がカウントしたところ、それぞれの番組（各五三回放送分）において出現した味覚評価表現の総数は、『吉田類の酒場放浪記』（一一二〇例）、『おんな酒場放浪記』（三九三例）である。

「うまい」と「おいしい」の使用率

それでは、女性および男性のグルメ番組出演者は、どのタイプの味覚評価表現を使用する傾向にあるだろうか。

表２－１および**表２－２**は、女性および男性のグルメ番組出演者が使用した味覚評価表現の出現数および出現率（％）を示す。

表2-1　味覚評価表現の出現数・出現率（『おんな酒場放浪記』）

味覚評価表現	出現数	出現率(%)
「おいしい」系	**353**	**89.82**
「うまい」系	24	6.11
その他	16	4.07
合計	393	100

表2-2　味覚評価表現の出現数・出現率（『吉田類の酒場放浪記』）

味覚評価表現	出現数	出現率(%)
「おいしい」系	42	35
「うまい」系	18	15
その他	**60**	**50**
合計	120	100

『おんな酒場放浪記』（**表２－１**）では、「おいしい」系の使用が一番多い（三九三例中三五三例［八九・八二％］）。「おいしい。生地がすんごいおいしいですね。モチモチ」「しょうがの風味がすごくきいていて、とってもおいしいです。お腹があったまる味がします」「あっ、笑っちゃうぐらいおいしい」）。そして、「おいしい」系と比べると数は少ないものの、「うまい」系の使用もみ

られる（三九三例中二四例［六・一一％］。「あー、うまっ」「あっ、うまいですね。うん。あっ、すっと飲めますね」「広島の酒はうまいね〜」）。

表2－1と比較すると、吉田類（男性）は味覚評価表現自体をあまり使用せず（『吉田類の酒場放浪記』一二〇例、『おんな酒場放浪記』三九三例）、また、その他の味覚評価表現の使用率が高い（五〇％）。そのなかでも、おいしさを表す旨みに関する表現が三五例使用されている（「米の旨み、十分まだ残ってます」［日本酒］、「特別に旨みというか甘みがあります」［カシラ］、「けっこうやわらかくて、野生の旨みがじわじわじわと広がってきます」［猪肉］）。そして、第一節で取りあげた辞典の記述とは異なり、「うまい」系よりも「おいしい」系を多用する（「うまい」系＝一五％［一二〇例中一八例］、「おいしい」系＝三五％［一二〇例中四二例］）。

表2－1および**表2－2**から、「うまい」系および「おいしい」系の実際の使用に関して、女性および男性ともに「おいしい」系の使用頻度が高い。このことから、「うまい」系が「男性がくだけた会話などで使う少しぞんざいな響きを感じさせることば」（中村明『日本語 語感の辞典』）であると結論づけることはむずかしく、グルメ漫画における男性登場人物の「うまい」系使用の多さは作者の知識（社会的につくられた男女差）が影響し、実際の「おいしい」「うまい」の選択には他の要因がからんでいる可能性がある。

男女の出演者が「うまい」あるいは「おいしい」を選択する要因は？

つぎに、女性および男性のグルメ番組出演者がどのような要因により「おいしい」系あるいは「うまい」系を選択したかをみよう。『吉田類の酒場放浪記』では、「おいしい」系の使用率が高く、さらに「うまい」系との使用率の差もそこまで顕著ではない（「おいしい」系＝三五％、「うまい」系＝一五％）ため、ここでは、数は少ないものの、女性出演者（『おんな酒場放浪記』）が使用する「うまい」系（六・一一％）に注目しよう。

『おんな酒場放浪記』において、女性出演者が使用した「うまい」系（全二四例）は、次の飲食物に対してである。

生ビール二例（「あー、うま」「あー、うま」）、日本酒七例（「あー、うまっ」「あ〜、うまい」「広島の酒はうまいね〜」「うまいな。うまいな。うまいな」「口当たりいいな〜。うまいな」）、ハイボール類六例（「あっ、うまいですね。うん。あっ、すっと飲めますね」「あ…うまい」「あ〜、ん〜、うまい」「うまっ、うまっ」「これはうまい」）

肉料理三例（「うまい」「うまっ」「うまい」）、煮込み料理二例（「うまっ。お肉おいしい」「甘うま〜」）、魚料理四例（「うん。おいしい。うまい」「うま…うまい、うまい」）

全二四例中、酒類が一五例、料理類が九例で、若干酒類が多かった。ただし、ここではどのような場面で使用されたかに注目したい。右の「うまい」系は、口にした瞬間おいしさを感じて、思わず声に出してしまった、というものが多い。たとえば、「うま…うまい、うまい。これは幸せだわ～。かきの旨みも、どばってくるしね。ああ、幸せ」は、出演者がかきの揚げだしを食べたときに発したことばである。かきの揚げだしを食べて思わず「うま…うまい、うまい」ということばが出て、そしてそのあとにテレビの視聴者に向けて、「これは幸せだわ～。かきの旨みも、どばってくるしね。ああ、幸せ」とかきの揚げだしの味がどのような味であるかを説明する。また、肉豆腐鍋を食べたときに発せられた「うまっ。お肉おいしい。もうすっごい出汁。出汁おいしいですね。味がしみこんで。なんかこれ、出汁だけ飲みたい」も同様の流れとなっている。女性出演者は、「おいしい」系を一番多く使用するものの、①飲食物を口にして思わず味覚を評価する場合には「うまい」系を、②テレビ視聴者、あるいは店員・ほかの客に向けて味を説明する場合（「おいしい。ご主人、天ぷらおいしいです。もう春が…」「こんにちは。とってもおいしいです。これ」）には「おいしい」系を使用する傾向にあり、「他者の視線」がことばの選択に影響をおよぼす可能性があると考えられるだろう。

結局男女ともに「おいしい」系？

結局のところ、『吉田類の酒場放浪記』と『おんな酒場放浪記』における「うまい」系および「おいしい」系の使用から、女性が「おいしい」系に偏り、男性が「うまい」系に偏るとは限らないことがわかってきた。女性・男性ともに「おいしい」系の使用が多かったのである。

このことは、これらの番組出演者が酒場を自由気ままに放浪するという設定ではあるものの、視聴者に向けて味の評価を伝達する役割を担っていることによると考えられる。つまり、出演者は完全にフォーマルな場にいるわけではないものの、完全にインフォーマルな、くだけた場にいるわけでもない。もしグルメ番組出演者がプライベートで同じ店に立ち寄って味の評価をしたら、女性および男性出演者もより「くだけた会話」に参加することになり、「うまい」系を使用する比率が高まるかもしれない。今回の調査では、この予想を確定することはできないが、「うまい」は男性専用とはいいがたく、今後さらに広がる可能性をみとおせた。

主な参考文献

・加藤秀一、二〇〇六年、『ジェンダー入門』、朝日新聞出版
・金水敏、二〇〇三年、『ヴァーチャル日本語　役割語の謎』、岩波書店
・金水敏・編、二〇一四年、『〈役割語〉小辞典』、研究社
・中村桃子、二〇〇一年、『ことばとジェンダー』、勁草書房、二〇三頁

引用文献

・阿部潤、二〇一四～二〇二〇年、『忘却のサチコ』一～一五巻、小学館
・安倍夜郎、二〇〇七～二〇一五年、『深夜食堂』一～一五巻、二〇〇七年、一巻・一二六頁、二〇〇九年、四巻・七八頁、二〇一一年、八巻・六四頁、二〇一四年、一三巻・六九頁、二〇一五年、一五巻・一三頁、小学館
・加藤秀一、二〇〇六年、『ジェンダー入門』、朝日新聞出版社、二三-二四頁
・金水敏・編、二〇一四年、『〈役割語〉小辞典』、研究社、vii頁
・久住昌之／谷口ジロー、『孤独のグルメ』、一九九七年、一巻・七話ほか、二〇一五年、二巻・二話ほか、扶桑社
・郡千寿子、二〇一七年、「味覚表現の『おいしい』と『うまい』 ―ビールの広告用語からの検討―」、『弘前大学教育学部紀要』第一一七号、一-七頁
・小学館国語辞典編集部・編、二〇〇六年、『精選版　日本国語大辞典』、小学館
・新久千映、二〇一三～二〇二〇年、『ワカコ酒』一～一五巻、二〇一四年、三巻・六四話、二〇一八年、一一巻・二七六話、コアミックス
・中村明、二〇一〇年、『日本語　語感の辞典』、岩波書店、九六頁、一一七頁
・B・M・FTことばラボ・編、二〇一六年、『ふわとろ』、B・M・FT出版部

引用番組

・『吉田類の酒場放浪記』、二〇二〇年四月二〇日、八月三日、二〇二一年三月一五日放送回、BS-TBS
・『おんな酒場放浪記』、二〇一二年一〇月六日～二〇二一年三月一二日放送回、BS-TBS

コラム4　果物効果

小森道彦

果物にはちょっと贅沢で、明るく元気で、爽やかなイメージがある。だからなのだろう。快復期の人を見舞うのに果物を持っていく。「一日一個のリンゴで医者いらず」のことわざがあるほどだ。実際、イチジクもビワも抗酸化物質を含み、老化防止やガン予防になるらしい。

どの果物のおいしさも酸味と甘味のバランスが基本。たとえば温州みかん、甘夏、ポンカンなどの柑橘類なら、横軸に酸味、縦軸に甘味をとったグラフに、それぞれの味を位置づけられるだろう。柑橘以外のブドウ、モモ、サクランボなどにも「酸味は少なくて上品な甘みがある」などの表現が当てはまる。

しかし「良薬口に苦し」。二日酔いに効く柿のタンニンや咳止めのカリンは、舌がしびれるくらい渋い。しびれはしないが、グレープフルーツの苦みにも免疫力低下を防ぐ効果がある。

これには思いあたる節がある。おとなになってグレープフルーツが私の好みとなった。もう二〇年食べているのに飽きない。苦味のなかに甘味を宿し、実がしっかりしていて、果汁が豊か。そのせいか、子どものころはよく扁桃腺を腫らしたのに、いまは風邪をひくのも年に一回あるかないかだ。私にとってグレープフルーツは「良薬口にうまし」である。

〔第2部 味のことば——味からことばへ〕

第五章　マンガな味
――ジャンルに根ざした味覚の表現

山口治彦

深夜のグルメ漫画は恐ろしい。ホラー映画より怖い。読めば食べたくなるからだ。健康のためおなか回りのため、深夜にグルメ漫画を読んではいけません。

逆にいえば深夜に危険なものこそが真のグルメ漫画である。ストーリーがいくらおもしろくても、おいしさが伝わらないとグルメ漫画の怖さは、いや魅力は半減する。だからうまそうだ、やばい、食べてみたい、と読者に思わせたい。味も匂いも届けられないページに「おいしい」を描きだしたい。そのためにグルメ漫画は趣向を凝らす。

では、漫画というジャンルで「おいしい」を表現するにはどのような方法があるだろうか。この章では、その手法について考えたい。だが、絵がおいしそうに描けているとか、擬音のシズル感がいいとかいった、個々の表現の巧拙については触れずにおこう。個別の表現のうまい下手ではなく、美味に関わる表現の仕方で漫画に繰りかえし見られるものを取りあげる。すなわち、①説明ゼリフ、②モノローグ、そして③心象風景描写の三つである。なかでも漫画表現の特徴がもっともよく表れる心象風景描写については、亜樹直《あぎただし》／オキモト・シュウの『神の雫』を題材にくわしく論じる。

第一節　漫画における味覚表現の手法

絵とセリフで表現するのが、漫画の基本である。そのセリフはふつう日常の会話のことばをモデルとしている。ところが、日常のことばから逸脱することなく美味を伝えようとすれば、すぐに壁に突きあたる。日常会話では「おいしい」と「うまい」ばかりを発することが多く、味覚表現のレパートリーに乏しいからだ。

そこで、描かれた料理や飲み物の味を読者に擬似体験させるために、グルメ漫画の多くはくふうを重ねている。そしてくふうを凝らすことにより、セリフは、日常会話の表現とは少し異なるものとなる。漫画というジャンルならではの、漫画的な味覚表現がこうして生まれてきた。ここでは、そのような「マンガな」味の表現方法の三つを、説明ゼリフ、モノローグ（独白）、そして心象風景描写の順にみていく。

説明ゼリフ

雁屋哲／花咲アキラの『美味しんぼ』には次のようなセリフがある。

むうう、すごい酒だ！ 人間の持つ 味覚のつぼ、嗅覚のつぼ、そのすべてに 鮮烈な刺激を与えて、快感の 交響曲が 口腔から 鼻腔にかけて 鳴りひびく……

（雁屋哲／花咲アキラ『美味しんぼ』五七巻）

石川県の清酒「天狗舞」の純米吟醸を飲んだそのときの口中の感覚を鳴りひびく「快感の交響曲」と喩えた。「人間の持つ味覚のつぼ」すべてをもちだす大がかりなメタファー（隠喩）だ。『美味しんぼ』にはこのように冗舌で説明的な表現が多い。もう一例みよう。

生の砂糖の香りは　意外にくどくて　きついものだが、和三盆の香りは　ふんわりと典雅だ。
味も独特で　ひんやりと舌　がすずしいような　感じがする、そしてその甘さは　軽やかなのに
深く舌にしみこむ。

（雁屋哲／花咲アキラ『美味しんぼ』三巻）

徳島県特産の砂糖、和三盆について述べたセリフである。まず、「典雅」という食卓では耳慣れないことばが目につく。つぎに、砂糖が「ひんやり」と「すずしい」というのも意外だが、これは味とともに舌が感じとった感触に対する言及で、触覚の記述をもって味覚表現の代わりとする共感覚表現である。さらには、「軽やかなのに深く舌にしみこむ」という逆説的な表現が続く。「軽やかさ」と「深さ」はふつう両立しない。しかしそのような日常的前提を覆し、両方が成立すると主張する。「深く舌にしみこむ」という言いきりのかたちも文章表現を想起

させる。要するに、『美味しんぼ』には日常会話のことば遣いから外れたセリフが多い。

右に挙げたセリフは、単体の会話表現として取りあげると不自然に感じる。しかし、この漫画の文脈ではじゅうぶんに機能する。それどころか、このような味覚の表現が読者に肯定的に受けいれられたからこそ、『美味しんぼ』は大ヒット作となったのだろう。しかも、後続のグルメ漫画はこの説明ゼリフの語法をマスターし、『美味しんぼ』ほど目だつかたちではないにせよ、さまざまな美味の場面で用いている。寺沢大介の『将太の寿司』も、橋口たかしの『焼きたて!!ジャぱん』も、数多くのほかのグルメ漫画とともにその流れの中にある。

では、日常会話なら不自然なセリフが漫画ではなぜ受けいれられるのか。

それは登場人物が自分の前にいる対話者（登場人物）だけでなく、読者に向けても語っているからである。語りの形式をとる作品には、伝達の方向が二つある。登場人物同士が会話する作品内の伝達と、作者から読者に向けて伝えられる作品外の伝達の二つである。この様子を図示すると次頁の**図1**のようになる。

登場人物のことばは、ほかの登場人物に直接的に向けられる（細い実線の矢印で表示）が、読者はそれをかたわらで立ち聞きするような体裁になる（破線の矢印で表示）。もしもいま、あなたと私の話に、まったく事情を知らない第三者が耳をそば立てているとして、その第三者にもわかるようにわざと話をすればどうなるか。当然、私たちのことばは第三者にもわかるように

図1　語りの作品に見られる二つの伝達回路

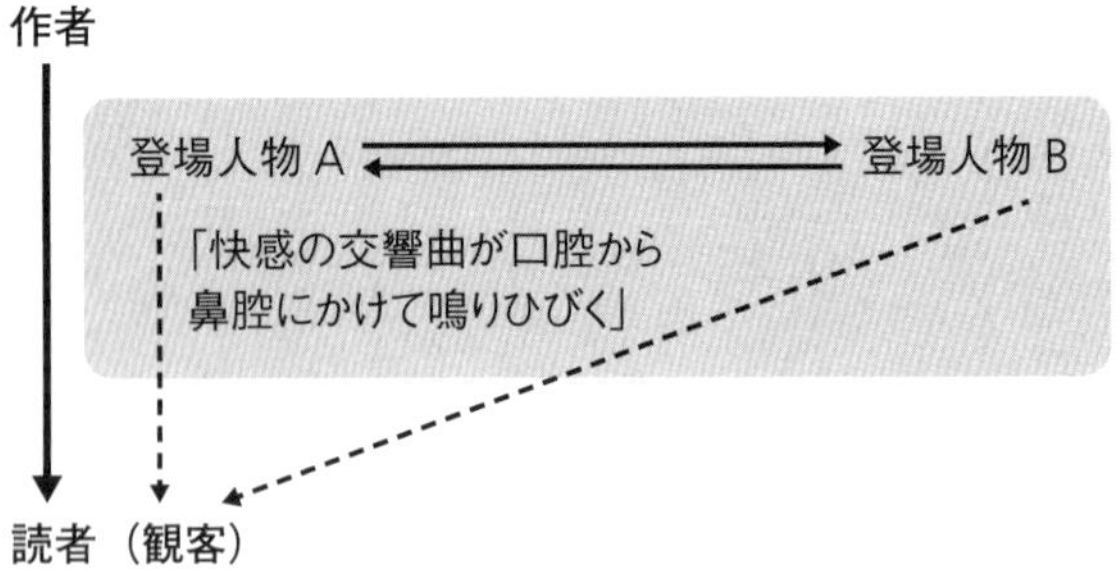

説明的になる。同じことがグルメ漫画の説明ゼリフでも起きる。

説明ゼリフは、対話をしている漫画の登場人物には不要な情報である。しかし、描かれた料理や酒の味を読者は知りたい。だから実際の食卓ではまず耳にすることのない説明過多の会話であっても、さほど不自然に感じることなく漫画を楽しめるのだ。漫画のような大衆的な語りにおいては、作者から読者への作品外の伝達の要請が、作品内における登場人物間の伝達よりも優先される。先の「快感の交響曲」のような派手なセリフが漫画の土壌に問題なく受けいれられるのは、そのような仕組みによる。

モノローグ

このような事情により、説明ゼリフが現実のことば遣いから遠く隔たるのは、間違いない。いかに読者が好意的に受けいれているとはいえ、もう少し自然に感じられる美味の表現方法はないだろうか。登場人物間の会話の不自然な冗舌さを抑えたいのなら、別の登場人物に味の具合を伝えるという設定をなくせばいい。登場人物のモノローグとして提示すれば、もしくは語り手がナレーションとして伝えれば、説明ゼリフに対して感じた冗舌な印象はかなり抑えられる。登場人物の内面に立ちいり、独白的な表現として提示するのである。次頁の**図2**に引いた久住昌之／谷口ジローの『孤独のグルメ』はその最たる例だ。

この漫画では、主人公の井之頭五郎がひとりで外食する様子が淡々と語られる。設定上、彼は独り言を連発するので、表現としての不自然さが完全に拭いさられるとまではいえないが、彼の話すことばは『美味しんぼ』の説明ゼリフのように目を引くわけではない。たとえば、**図2**で五郎は「くーっ　これですよ」と漏らす。これは人に聞かれると恥ずかしい類のセリフで、こういった表現はふつうはしない。しかし先の「天狗舞」や和三盆に関する派手なセリフに比べると、ずいぶんおとなしい。また、**図2**には「まるで俺の体は製鉄所　胃はその溶鉱炉のようだ」という表現もある。

吹きだしを用いてセリフとして提示すると、登場人物のキャラが突如変貌してしまったような印象を与えるだろう。だが、ここでのように四角い囲みの中に提示されると、五郎の声に出さない心中の感想と受けとられ、わざとらしさは影を潜める。セリフに対しては日常会話ならこう言う、こうは言わないといった基準が存在するのに対し、心のなかのことばにはそのような明確な比較対象が存在しないからだろう。

図2　吹きだしと四角い囲み（『孤独のグルメ』第8話）

この漫画で興味深いのは、独り言と心中の感想の振りわけである。図2において、丸い吹きだしで提示された独り言（セリフ）と四角い囲みで提示された感想を抜きだすと次のとおり。

吹きだし：　あちゃあ　またネギこがしちゃった　どうも野菜を焼くのは苦手なんだな
キュッ　むしゃ　むしゃ　むしゃ　はふ　はふ　はふ
くーっ　これですよ

四角い囲み：　お…きたきたきましたよ
川崎に焼き肉が似合うという　ことが今日よくわかったよ
まるで俺の体は製鉄所　胃はその溶鉱炉のようだ

肉や野菜を焼く、もしくは焼いたものをご飯と食べるという物語内での行為に即応する臨場性の高いコメントは、吹きだしによって独り言として提示される（「むしゃ」や「はふ」という本来なら効果音として提示されるものまで吹きだしに入れられているが、作画の谷口ジローは「シュボッ」というライターの点火音すら吹きだしで示すことがある）。他方、「お…きたきたきましたよ」は、テーブルに白ごはんが届けられたことに対する言及なのに（つまり、同様に臨場性の高い表現であるのに）、四角い囲みで提示されている。これは、この場面にかぎり店員がそばにいるので、セリフとして提示すると都合が悪いからだろう。独り言であってもセリフとして（とがった尻尾つきの）吹きだしで提示されたら、四方田犬彦が『漫画原論』で指摘するように、そのセリフは発話されて周囲の登場人物にも聞こえるパブリックなものと解釈される。すると、それを聞いたはずの店員のリアクションを描かねばならず、物語の展開に不要な要素が入りこむ。心の内の感想として提示すれば、店員の反応を描く手間が省ける。このように、独り言と感想の振りわけにも、作者から読者への伝達（物語の展開）をスムーズに行うという作品外の伝達の要請が関わる。

『孤独のグルメ』のひとりでものを食うという設定は、新久千映の『ワカコ酒』や阿部潤の『忘却のサチコ』などに引き継がれている。また、ひとりでものを食うという設定でなくとも、食べた感想を思考提示で伝えるという形式ならば、多くの作品に採りいれられている。たとえば、市川ヒロシの『どんぶり委員長』や、うさとさやの『パンと僕のモモちゃん』では、料理に対する細やかでくわしい感想はモノローグで提示されており、セリフによる情報提示との分業がみられる。

心象風景描写

モノローグがのぞかせた登場人物の内面を比喩的に絵で表現するのが、心象風景描写である。

漫画の特徴を生かした表現方法だ。『神の雫』では、この手法がたびたび使われる。しかもこの漫画では、ふつうなら一コマ程度でおわることが多いこの手法をしばしば複数のコマを連ねて提示する。次の頁の**図3**に示すように、ワインを口にするとそのワインに引きおこされた心象風景が紙面に広がる。『神の雫』で特徴的なのは、複数のコマにわたって続く心象風景の中を登場人物が歩いたり、探索したりすることである。ここでは、仏ボルドーの五大シャトー（生産者）のひとつ「シャトー・ラフィット・ロートシルト」の味を見きわめようとする主人公の試みは、迷いこんだ森を歩くという行為に喩えられる。メタファー（隠喩）を介した比喩的な表現である。そして、次の場面では、**図4**に見るようにその森の向こうに偉容を誇るノイシュバンシュタイン城が姿を現す。ラフィット・ロートシルトというワインは、巨大な城に喩えられるほどの味わいの深さとたたずまいをもつというのだ。

あるワインを飲んで白亜の古城や深い森を思い浮かべる人はいるかもしれない。しかし自分が思い浮かべた森の中をさまよい歩き、その森の向こうに城が突然姿を現す光景に驚く人がいるだろうか。そこまで鮮明にイメージを思いえがき、自分が作りだしたイメージのなかに没入するというのはあまりに日常からかけ離れている。現実生活の尺度で測ると、『神の雫』の心象風景描写は説明ゼリフと同様、不自然な表現なのである。だが、漫画においてはじゅうぶんに許容されており、評価されてもいる。なぜだろうか。

図3　『神の雫』における心象風景への扉（『神の雫』6巻）

森……？
ここは森だ
しかし
ブルゴーニュワインに
感じたような
静けさは感じない
もっと生き生きと
葉を繁らせ
獣たちがたわむれる
いわば陽性の森
この道は
どこへ
続くんだ……
この先に
何がある？

図4　ラフィット・ロートシルトは城である（『神の雫』6巻）

©亜樹直／オキモト・シュウ／講談社

説明ゼリフに関しては、その理由を簡単に示した。では心象風景描写は、現在のグルメ漫画にどのように受けいれられているのだろうか。この方法は、読者に味を伝えるという点でどこまで効果があるのだろうか。次節では、心象的イメージを絵で提示することの問題点を挙げて、それが『神の雫』でどのように解決されているかを考えてみよう。

　ここに見るような心象風景描写は、さまざまな漫画で見うけられるが、『神の雫』と同じ著者による続編『マリアージュ：神の雫 最終章』や、附《つく》田《だ》祐《ゆう》斗《と》／佐伯俊／森崎友紀（協力）『食戟のソーマ』、萩《はぎ》原《わら》天《てん》晴《せい》／アビディ井上『さぼリーマン飴谷甘太朗』、小林有吾『フェルマーの料理』などに特徴的な例をみることができる。

第二節　『神の雫』における心象風景描写

味覚を伝えるために漫画で心象の描写を行う問題点としては、次の三つが考えられる。

Ⅰ　表現が自然であるか
Ⅱ　具体的な味の特徴は伝わるか
Ⅲ　物語の展開が遅くならないか

この三つのうち味の表現とより強く関係するのはⅠとⅡである。この二つを取りあげよう。

Ⅰ　心象風景描写は自然な表現か

漫画における心象風景描写が提示するイメージは、私たちが日常の生活のなかで思いえがくイメージよりも、ずっと鮮明なものである。ただ、それは漫画表現の必然である。たとえば馬刺しを食べているときに、野性味あふれるその実感を言い表そうとして、野生に戻って馬に食らいついていているような感じがする、と述べたとしよう。これを漫画で表現するとどうなるだろうか。ぼんやりと浮かべた考えであっても、絵に描くためには具体的な形象が必要だ。図5は、

図5　馬に食らいつく思い（『ワカコ酒』1巻）

まさに馬に食らいつくイメージを漫画で説明したものである。

ぼんやりした現実離れの発想は、ことばであればぼんやりとしたまま提示できる。というか、ふつう石斧を背にした原始人が走る馬に飛びついて「あーん」とかぶりつくところまで想像するだろうか。だが、絵で表現するにははっきりとしたイメージが必要だし、漫画であるからには読者にわかりやすく訴えることが重要だ。表現が日常の経験とはかけ離れたものになったとしても、描かれた行為が現実にありえないものであったとしても、読者に響く、届くというのが第一である。それゆえ、不自然さを感じないのだろう。

逆に現実離れしようとも、喩えによって明確な特徴づけができる方が、メタファー表現としては際だつ。たとえば、異なる名を冠した二つのワインが基本的に同じものであることを表現するくだりが『神の雫』にあるのだが、白亜の城に喩えた表現に比べると、いまひとつ説得力に欠けるように私には思えた。図6にその例を示す。

二つのものが同じであることを比喩的な絵にすることはむずかしい。作者は、一本のワインが共通してもつ味や香りを、同じ果実（ブラック・チェリー、レッド・カラント、プラム、オレンジなど）を左右の手にそれぞれ抱える絵で描いた。それはそれでわかりやすい絵である。しかし、ここで引きあいにだされた果実は、ワインの味や香りを表現する際に慣習的に用いられる果物で、それらはもうワインの属性といってもいい。端的にいえば、驚きがない。メタファーは似たものに喩える比喩だが、その類似性はあくまでも種類が明確に異なるもの（ワインと城、皿の上の馬刺を食べる行為と走りゆく馬にかぶりつく行為）の間に見いだされるからこそ引きたつ。ワインとここに描かれた果実は、類似性が新たに発見された二つの異なる存在というよりも、本体（ワイン）とその属性（味・香り）という、もともと近しいものなのである。異なる種類のものを大胆に用いた表現が見たかった。

Ⅱ　心象風景描写は具体的な味を伝えるか

心象風景描写は、ある対象を別のものに喩えるメタファー表現である。だから、そのとき喩

図6　両手に抱えたものは同じ（『神の雫』1巻）

俺が両手に
抱えるのは
ブラック・チェリー
レッド・カラント
プラム
大粒の完熟苺《いちご》
そして
わずかだが
特徴的な
オレンジの
香り……
右手も左手も
まったく同じ
果実の芳香と
味わい
そこには
何ひとつ
違いが
みられない
やはり
そうだ
この2本の
ワインは……

えられるものが食べ物なら、具体的な味が伝わる。しかし、効果的な特徴づけを行うには、表現対象と喩えられるものは、もっとかけ離れたもののほうが効果的だ。では、白亜の古城に喩えられたワインの味はどの程度伝わるだろうか。メタファーは対象とするもののある側面を明らかにして、その対象を特徴づけるのには便利だが、光のあたらなかった（つまり、メタファーとして表現されなかった）側面については、何も伝えないことがふつうである。

　では、印象的な心象の描写を行いつつ、味や香りの具体的な特徴まで伝えようとするなら、どうすればいいだろうか。『神の雫』でよく見られるのは、心象風

図7　バリ島の一夜（『神の雫』3巻）

景の中にワインの味や香りを伝える果物やスパイス、花などを描きこみ、それに主人公が言及するという方法である。『神の雫』三巻では、ワインを飲んだ主人公がバリ島で過ごした記憶に引きこまれるシーンがある。**図7**がその冒頭である。

図7のあとで、目の前に繰りひろげられる光景を見て、主人公は、次のように独白を続ける。

目の前には　色とりどりの　スパイスに　彩られた　さまざまな　肉料理と　完熟した果実　カシス　プラム　ブラックチェリー　そして　少量のオレンジ　セクシーな　衣装をまとった　踊り子たちの　髪や身体を飾るのは　アカシア　そして　スイカズラの　花びらだ――

（亜樹直／オキモト・シュウ『神の雫』三巻）

ここで言及された花や果実はすべて、ワインの味や香りを伝えるためにソムリエやワインのエキスパートがよく使用するもので、彼らの共通語彙に属する。ワインのテイスティングでは、ワインの特徴をまず外観・アロマ（芳香）・味わいの三局面に分ける。さらに外観を輝き・清澄度・粘性に下位分類し、アロマは原料となるブドウの品種に由来する第一アロマ、発酵や醸造の過程で生まれてくる第二アロマ、ワインの熟成中に生まれてくる第三アロマ、というふうに細かに区分けして分析してゆく（中本聡文／石田博『テイスティングは脳でする』）。そして、アロマについて語る際に果物や花、スパイス、果ては猫のおしっこに至るまで、それがどのような香りなのか互いに共有しており、その共有部分をベースにして味の特徴を伝えあう。右の独白部分におけるスパイスや果物、さらには花々に言及する記述は、ワインテイスティングの定石《じょうせき》を念頭においたものだろう。

ただ、ここでまたひとつ問題が浮かびあがる。ソムリエが行うワインの香り・味わいに関するコミュニケーションは、たいてい細かく分析的に行われる。たしかに、『神の雫』でもそのような分析的な記述は（**図7**のバリ島の例におけるように）見受けられるのだが、この作品における味覚表現の根幹は心象の比喩的描写にあり、心象風景描写は対象となるワインの特徴を細やかに分析するのではなく、メタファーによって一気に特徴づける。つまり、ソムリエが実際に行う分析的な方法とは正反対の全体把握の認識方法がこの漫画の主軸となっている。メタファーによってワインの特徴を瞬時に理解してしまうのは、ワインテイスティングの実際からかけ離れることになるが、心象風景描写を基本的な表現手段として選んだ作品にとって、それは当然の結果なのである。

第三節　三つの方法とその表現性の違い

この章ではグルメ漫画に見られる美味の表現形式として、①説明ゼリフ、②モノローグ、そして③心象風景描写の三つを取りあげた。この三つの方法は、漫画という表現のどの部分を使って情報を伝えるかが異なる。漫画は、主にことばと絵によって情報を伝えるが、ことばで伝える場合、もっとも基本的な提示形式である（とがった尻尾の）吹きだしによってセリフとして伝えるのか、それ以外の方法（独り言や心中の感想）によるのかの二つに分けることができる。セリフによる方法が①の説明ゼリフであり、セリフ以外によるのが②のモノローグである。そして、残る絵による提示方法が③の心象風景描写である。

説明ゼリフは、吹きだしを利用する点で漫画としてはもっともオーソドックスな提示方法である。しかし、読者に味の説明をする役割を担《にな》うのは、実際に食べたり飲んだりしている登場人物だ。そのため登場人物のセリフは余計な情報を含み、冗舌で大げさなものになりがちだ。読者はその余計な情報を待ち望んでいるのでほとんど気にかけないが、日常会話の基準に照らせば説明ゼリフは不自然なものになる。

　他方、モノローグはその不自然さをかなりの程度まで抑えられる。人が心のなかでどう思うかについては、何が自然でどれが自然でないのか言い当てる基準がないからだ。しかし、モノローグには物語を進めるうえでひとつ問題がある。内省的なモノローグは、セリフのようにほかの登場人物と(ふつうは)関わらない。したがって、セリフのように物語を前に進めることができない。

　そしてこの章でくわしく取りあげた心象風景描写は、メタファーを介した絵画的表現である。味覚という形のないものを絵という形象に置き換えるには、抽象的な概念を具体化できるメタファーがふさわしい。また心象風景描写は、食べ物とは関係のないはずの別のものに喩えることができるので、意外性のある劇的な表現が可能になる。説明ゼリフやモノローグとは違い、読者の視覚に訴えられることが一番の特徴だ。

　ただし、その心象風景描写にも問題はある。提示できるのは基本的にメタファーに限られるので、飲食の印象は提示できても味の具体的特徴が伝わらないことも多い。その点、説明ゼリフとモノローグなら、和三盆の例でもみたように、「ひんやり」と「すずしい」という触覚表現に置き換えるような共感覚表現も無理なく提示できる。つまり、食感を具体的に表現するのであれば、絵ではなくことばによる方がうまくいく。さらには、心象風景描写も内省的な表現方法なので、モノローグと同様、物語を先に進めるのには向いていない。

このようにここで取りあげた三つの方法は、それぞれに長所と短所がある。したがって、どのような場面でどの方法をどのように用いるのか、そこに洗練の余地がある。そして、昨今のグルメ漫画には、本章で述べた問題点——説明ゼリフは冗舌で不自然なものになりがちである、モノローグと心象風景描写は物語の進行を停滞させやすい、など——を回避すべく、さまざまなくふうと改善が見られる。たとえば、『食戟のソーマ』はその最たる例である。

この三つの方法をひとつの作品で同時に用いたのは、半世紀も前の一九七〇年に発表された一ノ木アヤ／萩尾望都の『ケーキケーキケーキ』が最初だ。グルメ漫画の始原ともいえる作品に美味の表現すべてがあった。その天才的な先進性には目を瞠るばかりである。と同時に、この三つの方法が漫画というジャンルの特徴に根ざした美味の表現方法であるからこそ、グルメ漫画はその黎明期から現在に至る五〇年の間、同じ手法を繰りかえし使いつつも、洗練を重ねてきたのだと思う。説明ゼリフ、モノローグ、そして心象風景描写の三つは、漫画というジャンルにおける基本的な表現手段である。おそらく「マンガな味」の表現には必然なのである。

主な参考文献

・斎藤宣彦、二〇一一年、『マンガの遺伝子』、講談社現代新書
・杉村啓、二〇一七年、『グルメ漫画50年史』、星海社新書

・中本聡文／石田博、二〇一五年、『テイスティングは脳でする』、日本ソムリエ協会
・南信長、二〇一三年、『マンガの食卓』、NTT出版
・南信長、二〇一八年、「グルメマンガにみる、おいしさ表現の変遷」『メディア芸術カレントコンテンツ』、文化庁
(https://mediag.bunka.go.jp/article/article-13804/)
・山口治彦、一九九八年、『語りのレトリック』、海鳴社
・山口治彦、二〇〇五年、「語りで味わう」『味ことばの世界』(瀬戸賢一ほか)、海鳴社、一六三-二〇五頁
・山口治彦、二〇二一年、「ポップカルチャーのテクスト分析:『食戟のソーマ』が示すグルメ漫画の現在」『日本語学』、明治書院、二〇二〇年春号、五八-六八頁
・四方田犬彦、一九九九年、『漫画原論』、ちくま学芸文庫

引用文献

・亜樹直／オキモト・シュウ、二〇〇五年、『神の雫』一巻、講談社、二〇〇頁
・亜樹直／オキモト・シュウ、二〇〇五年、『神の雫』三巻、講談社、七〇-七四頁
・亜樹直／オキモト・シュウ、二〇〇六年、『神の雫』六巻、講談社、一五一-一五三頁
・雁屋哲／花咲アキラ、『美味しんぼ』三巻、小学館、三六頁
・雁屋哲／花咲アキラ、『美味しんぼ』五七巻、小学館、一二一頁
・久住昌之／谷口ジロー、二〇〇八年、『孤独のグルメ』新装版、扶桑社、八一頁
・新久千映、二〇一三年、『ワカコ酒』一巻、コアミックス、一一六頁

コラム5　味に呼び覚まされた記憶

安井泉

ルイス・キャロルの『不思議の国のアリス』の一節、アリスはガラスのテーブルの上に瓶を見つける。『私を飲んで』と書いてある。毒だとは書いていないので飲んでみる。アリスがおいしいと思った味は、「サクランボのタルトと、カスタードと、パイナップルと、焼いた七面鳥と、トフィーと、バターを塗った焼きたてのトーストが混ざったような味」と描写される（トフィーとは、バターと砂糖で作る硬いキャンディー風の菓子）。混ざったような味というのはその一つひとつの味の輪郭がそれとわかる液体の多面的な味、「味のサラダ」なのである。あっ、これはあの味という感覚。

P・L・トラヴァースの『風にのってきたメアリー・ポピンズ』では、乳母のメアリー・ポピンズが取り出した瓶入りの液体は、飲む人によって味が変わる。姉弟が飲むとストロベリー・アイス、ライム・ジュース、コーディアル（ハーブや果物を漬けこんだシロップ）の味、赤ちゃんにあげるとミルク、メアリー・ポピンズが飲むとライム・パンチ、つまりお酒。

味は人の記憶をてきぱきと呼び覚まし、分離していく。呼び覚まされた記憶は、誰と食べたか、どんなときだったか、と繋がっていき、豊かな情景を生みだす。たとえば「お袋の味」「学食の味」「旅先の味」からは、どんな過去が手繰り寄せられるだろうか。懐かしい顔、匂い、喧噪、汗のしたたり、人生の喜びと哀しみ……味は記憶の扉を開いてくれる鍵のようだ。

第六章　カレーなるおいしさの表現

小田希望

不定期に襲ってくるカレーの禁断症状にどう対処するか。

まずクミンシードとカルダモンを香りがするまで油で熱し、にんにく・生姜のみじん切りを追加。少し色づいたら、大量の玉ねぎを加えて飴色になるまで根気よく炒める（症状が激しい場合は時間を短縮）。続いてターメリック、コリアンダー、レッドチリ、それとローリエを足してさらに炒める。同時に別コンロの圧力鍋で手羽元を煮ておく。軟骨までやわらかくしたところに、ざく切りトマトと最初の鍋の濃く色づいた玉ねぎを合わせてひと煮立ちさせる。最後に味をみながら塩を適量入れたら完成だ。

自ら作らずともカレー中毒者のために、全国に英国、フレンチ、インド、スリランカ、タイなどの各種のカレーをだすレストランがある。なかには札幌のスープカレーのようなご当地ものお店もある。

それに最近は雑誌のスパイスカレー（市販のルーを使わずスパイスを使用）特集号が定期的に現れて、全国の独創的なカレーが食欲をそそる写真とともに紹介される。味も個性も豊かなこれらのカレーの魔味を人に伝えるために、見た目（視覚）、味（味覚）、香り（嗅覚）の三点に注目して表現を探ろう。

第一節　カレーの見た目（視覚編）

カレーは、まず目で食べる。見た目のポイントは、①カレーの全体像と②ルーの色合い・粘度（ねばりの度合い）の二つ。

カレーの全体像

よく行くインドカレーの店の二種盛り（半々・あいがけ）は、厚みのある丸い皿の一二時の位置から六時の縦一直線に黄色いサフランライスの小丘が伸び、右側に赤茶色のサラッとしたトマトベースのチキンカレー、左側にはダル豆に薄切りの玉ねぎ、まだ完全には溶けきらないざく切りトマトが入ったオレンジ色のダルカレー。そこに緑鮮やかなパクチーが散らされる。トッピングに特製スパイスがまぶされた半熟卵を注文すれば、とろっと艶のある黄身がライスにのって食欲は頂点に。

カレーのおいしさは全体像からはじまる。ライスとルーの盛りつけ方や全体の色合いは？　具やトッピングの配置は？　まずは昔ながらの日本のカレーライス。おおよそ次のようなものでなかったたか。

「うちのは昔風ですが、いいですか？」

鋭いカウンターパンチを食らった。

昔風のカレー、大いに結構。ぜひ食べたいと、出来上がりを待ちかねた。

運ばれてきたのは、まさに願った通りのカレーだった。

まず、見た目の色味に魅せられた。

なんとも懐かしき、黄色いカレーなのだ。

しかもカレーがデコボコしている。ジャガイモやニンジンが、切られた形そのままだ。肉も同じである。


（山本一力「洋食屋さんのキングだ」）


見た目はいまどきの「映《ば》える」感じではないが、白いごはんにたっぷりとかかったカレールーの姿はなつかしさと安心感を与えてくれる。

他方、最近のカレー店で出されるものには、二種盛りカレーや三種盛りもあり、盛りつけに個性が見られることが多い。より積極的に視覚から食欲を刺激する。この点もカレーの表現に加えたい。

たとえば「黄色いターメリックライスの上に、牛すじの食感を残したビーフベースのサラッとした欧風のルゥ」（黒沢薫『ぽんカレー』）がかかっていたり、「白米を囲む色鮮やかなカレーと副菜全10品」（「dancyu」二〇一九年九月号）が銀色の皿の上に盛大に並んでいたりと、ライスとカレー、そして副菜との色のコントラストが楽しい。本場インドでカレーを注文すれば「鮮やかな黄色のカレーがあった。赤っぽいカレーも黒っぽいカレーもあったし、普通の色のカレーにはパニールの白や野菜の緑が映えている」（竹内真『カレーライフ』）と見た目での感動と驚きが描かれる。パニールとはインドなどで作られるチーズのことだ。

札幌のスープカレーは、スパイスの浮いたサラサラのスープ状のルーに大きなチキンレッグ、素揚げした色とりどりの野菜、ゆで卵、そして別皿に用意されたライスが典型の様子だ（「ブルータス」二〇二〇年七月一日号）。

見たままの描写では物足りないと感じる場合は、何か別のものに見たてて表現する手法があるだろう。カレーの盛りつけはしばしば山に喩えられる。

皿に盛られたご飯の上に、艦長先輩はたっぷりとルーをかけ、さらにルーの上に少量の生クリームを垂らした。小麦粉のせいか、最初の日のスパイスカレーよりもとろみのある濃い色のルーに、その白色は、すそ野を大きく広げた山地がいただく新雪のごとくに映えた。

（乾ルカ『カレーなる逆襲！』）

池波正太郎は「ライスを、ヒマラヤの高峰のごとく皿の片隅へもりあげ、チキンカレーを、ライスの山腹の草原のごとくにみたす」(「カレーライス」)と描写する。また「カルデラのごとくドライカレーは山の上に鎮座、麓にはカレーソース」(「ブルータス」二〇二〇年七月一日号)などのように水面《みなも》を湛えるカレーも。

見た目で軽くおいしさのお膳立てをした次は、ルー自体にぐっと接近しよう。

ルーの見た目

ルー自体のポイントは色合いと粘度。

多くの人が思い浮かべる家庭のカレーは、茶色からこげ茶色のルーではないだろうか。いわゆる茶系の食べもの。華はないが、家のカレーにはどこか和ませる力がある。他方、カレー店のカレー、とくにスパイスカレーは、オレンジ色、赤茶色、茶色に、真っ黄色、やや緑を帯びた黄褐色、あるいはサグカレー(ほうれん草のカレー)だと緑色、さらには黒色のルーまでバラエティーに富む。

色を直接表現するだけではなく、「チョコレート色をしたカレー」「黄金のルー」のように、ルーの色を何かに喩えると表現も広がる。

では、ルーの粘度は？　オノマトペの出番だ。家庭では市販のカレールーが使用されることが多いのでとろみがつく。作るカレーの粘度の好みによって、ドロッとした、どろりと、とろっと、とろとろの、もったりした、と表す。

スパイスカレーは、シャバシャバ系の割合が高い（ただし、挽き肉「キーマ」を使用するキーマカレーは日本では汁けのないものが多い）。しゃばしゃば、パシャパシャ、シャブシャブの、さらさらの、さらさらと流れるような、さらっとした。東京の「新宿中村屋」と並ぶ老舗のインドカレー店「アジャンタ」（東京・麹町）のチキンカレーは「少し緑がかった黄色とも茶色ともつかないサラサラの汁」（浅野哲哉「衝撃のカリー体験」）と表現される。

カレーの見た目で食欲を刺激されたら、次は肝心の味に向かう。

第二節　カレーの味（味覚編）

カレーを視食したあとは実食。カレーをひと口食べ、ルーとライス（あるいはナン）をじっくり味わうと様々な味が現れる。どうやってカレーの味を表すか。まずは、ストレートに甘い、辛いなどの表現から。

カレーの味の中心

辛味・甘味・酸味を基本におこう。カレーといえばまず辛さ。カレーの要である香辛料の辛味成分には食欲増進作用もあり、カレーのおいしさになくてはならない。しかし、辛味は味覚に関わる基本五味（甘味・塩味・酸味・苦味・旨味）には含まれない。正確には辛味は痛覚で感じるものだが、口で感じる感覚なので味に入れよう。

吉行淳之介は父が作るカレーの思い出をこう語る。

私の父親は、料理自慢で、しばしば台所に入ってフライパンを握ったり鍋をかきまわしたりしていた。彼に言わせると、「ライスカレーは猛烈に辛くなくてはいけない」というわけで、ときおりつくってくれたものは、舌が痺れるくらい辛かった。ハアハア息をはきながら、水を飲み飲み食べたのも、懐しい思い出の一つである。

（吉行淳之介「ライスカレー」）

マイルドな辛さ、心地よい辛さもあれば、後をひく辛さ、辛さが熾烈《しれつ》である、舌が焼けるような辛さ、つきぬけるような鮮烈な辛さ、さらには「やったら辛くて味なんかわかりゃしない」「あの辛さたるやまともじゃなかった」（浅野哲哉「衝撃のカリー体験」）ほどの辛さまで様々である。辛い、ピリ辛、スパイシーはシズルワードでもある（序章）。カレーのおいしさを伝える大切なキーワード。

辛さのバリエーションを表現するのにオノマトペも有効だ。ビリビリと舌が麻痺しそう、舌にピリッと刺激が伝わる、後味がヒリヒリするほど辛い、口の中がピリピリ（ピリリ）と辛い、スパイスで舌がジンジンする、のどの奥から食道までカッカしてくる辛さ、など。

意外かもしれないが、カレーの味わいを表すには甘さもしばしば顔を出す。

ただからくて黄色ければカレーだと思つてゐるのがいけないのです。本當のカレーはそんなにからいものではない、食べる時にすうつと甘くて、後から少しづつ辛味が舌に湧いて來るのがいゝのです。

（子母澤寛「眞の味は骨に〈印度志士　ボース氏の話〉」）

明治生まれの子母澤寛は、本当のカレーはただ辛いだけではないと断言する。はじめは甘味をまず感じるものだと。味の好みは人それぞれだが、辛さだけを追求したカレーにおいしさを感じることはむずかしいのではないだろうか。

甘味のほかに酸味が現れるカレーもある。インドカレーの一種であるバターチキンカレーは生クリームとヨーグルトを使用するのでスパイシーであると同時にコク・甘味・酸味が同居する（『世界のカレー図鑑』）。ほかにもタマリンドの果実が効いた「辛さと酸っぱさが際立つスープ状の」ラッサム（カレー）や「ヨーグルトとトマトの酸味がスパイスと絡みあい、刺激的だがさっぱりとした風味」（同右）のカレーのように酸味が顔を出すものがある。カレーに酸味を感じる場合、酸味の正体も表すと、味を想像しやすい。

カレーの味の周辺

味の周辺を注視すると、苦味、旨味、コクがある。

まず苦味から。「かすかに苦い」「苦味がある」「ほろ苦い」のような隠し味的な苦味をもつカレーに出会うことがある。

> 味的にはインドのスパイスをたくさん使っている感じですね。それによってほのかな苦味がある、ちょっと大人な感じのサラサラカレー。
>
> （黒沢薫『ぽんカレー』）

苦味と明確に区別するのがむずかしいが、使用されるスパイスによっては、渋味を感じさせるカレーもある。前述の黒沢薫は「スパイス特有の軽いエグみがあって、そういうところがまたちょっと憎い感じで、美味しいんですよ」（同右）と別のカレーを評する。

春の山菜の舌にまとわりつくような感覚がえぐみである。えぐみは渋味の一種と考えられるが、おおよそ苦味とセットで感じる。とくにスパイスカレーには後味でかすかな苦味・渋味が感じられるものもある。味わいの最後の感覚を逃さないようにしたい。

旨味は基本味に含まれ――一九八五年に国際的に正式に認められ――てまだ日が浅いが、日本人にはとてもなじみ深い。近年、スパイスカレーが流行するなかで新たにスリランカカレーの人気も高まっている。グルメ漫画『美味しんぼ』のカレー対決では、スリランカカレーにヒントをえたカレーが出される。スリランカカレーは鰹節に似たモルジブ・フィッシュを使用するため、旨味がより強く感じられる。それを食べた審査員たちは「旨味の要素が複雑にからまっているが、基本をなすこの旨味は妙に親しみ深い……」（『美味しんぼ』二四巻）と感想をつぶやく。牛スジと野菜からのだしがでた「旨味があふれんばかり」のカレーもいい。

旨味とセットでコクを感じるカレーも多いのではないか。コクの正体とは、科学的に突きつめると油脂・糖分・旨味だという。この三要素はカレーに揃いやすい。たとえば、ある店のカレーは次のように説明される。

厳選したスリランカ産スパイスが織りなす爽快な刺激と深いコク、鶏のだしと野菜の旨味が一体となったスープ仕立てのスリランカ風カレー（後略）

（「dancyu」二〇一九年九月号）

具材を炒める油や肉からの油、煮込んだ野菜と肉からしみ出す甘味と旨味。さらに、市販のカレールーを使用するなら、適度な粘度による濃厚感がよりコクを感じさせる。味覚自体をストレートに表す表現はここまでにするが、これだけではとてもカレーの味を語ったことにはならない。そこで次は、味を表すのによく使用される共感覚表現を探る。

視覚による共感覚表現

共感覚表現（序章・第二章）は、カレーでも視覚が大手の貸し手である。視覚の明るさに関わる表現からみよう。ふたたび『美味しんぼ』を引用する。本物のカレーとは何かを求める主人公たちがインドでカレーを食べて「味は濃厚なのに、濁りがなくて」と驚く。「濃厚な」は本来明るさの明暗濃淡を表し、「濁りがない」は明るさの透明度を表す。「淡白な味」のカレーや蕎麦屋の「小鍋でサッとこしらえる薄いカレー」がおいしいと感じる人もいるだろう。ほかにも、濃い、淡い、ほんのり、華やかな、鮮やかななどは明るさを、透き通った、透明感のある、すっきりしたなどは透明度を表す。

明るさ・透明度以外に視覚に関わるのは形。たとえば、まろやかな味。本来はまろやかとは「円やか」とも書くように、角がなく丸みのある形を表す（触覚でも感じる）。次の引用は、東海林さだおが大阪名物「自由軒」のカレーを食べたときの描写である。


白いお皿の上に、こげ茶色のカレーがドライカレー風に丸くまとめてあって、そのまん中をくぼませて生卵が落としてある。

「卵の上からソースをかけると、味がまろやかになっておいしですよ」とオバチャンが、おいしいのい抜きでアドバイスしてくれる。

（東海林さだお「大阪『自由軒』のカレー」）


くっきりした、鮮明な、まるみのある、とがった、シャープな、鋭い、ふくらみのある、ふっくらしたなども形に由来する表現だ。

次元は二次元であれば「垂直」と「水平」の方向に伸びる。先の『美味しんぼ』のカレー対決で審査員たちは究極のカレーに対して「至高のカレーに比べると厚みがないというか、深みがないというか……」とつぶやく。裏を返せば、おいしいのは味に厚みや深みがあるカレー。

続く場面では、至高のカレーを「重層的な味」と評す。味が垂直方向に層を成すととらえられる。そんなカレーは、（水平方向でも）幅のある味が口の中に広がるはず。

味はさらに広がる先を求めて三次元に到達する。いくつものスパイスから作るカレーの味わいには平面ではなく立体の「奥深さ」があると感じられるようになる。

触覚による共感覚表現

第二の表現の貸し手は触覚。触覚を表すことばで味を表す。まず、テクスチャーに関わる硬軟の表現をみよう。

たとえば、あるカレー好きブロガーは、「繊細だけど脆いわけではなく芯の強さも感じさせる味わい」だと表現する（南場四呂右、３６５カレー［∞］）。口に入れた味が容易に壊れて消えてしまうのを「脆い」と表すのだろう。繊細で主張が強いわけではないが、たやすく口の中で消えてしまう味ではなく、確かな存在も感じさせる（ちなみに「繊細」は本来、物が細く小さいことを表す。つまり、形態を表す表現である）。また家のカレーはやさしい「やわらかい」味ではないか。

カレーの味わいは「粘性」の表現も活用できる。味を表す粘性は、第一節の「見た目」の粘性とは異なることに注意。あくまで味を表すための粘性である。次は先にも触れた大阪名物

「自由軒」のカレーについて。

そこで食べた名物〝混ぜカレー〟は、甲子園の味とはまったく違っていた。が、やはり甘口で、生卵と溶け合うなかでインド料理とは断じて呼べないこってりとした独特の甘味を漂わせ、ひとくち頬張っただけで口のなかをすべて支配されるような迫力に富んでいた。

（玉木正之「カレーは浪花のど根性」）

逆に粘性が弱いと「あっさり」となる。インドカレーは北と南でカレーの傾向が異なる。山本嘉次郎は「北方のはあっさりとして、辛さも弱い。ある北方のインド人は、日本のライスカレーは辛くてかなわぬとこぼしていたくらいである。南のは、しつこく、そして辛さは熾烈《しれつ》である」（「ライスカレーの巻」）と説明する。「しつこい」はこってりの仲間。ほかにも粘性を表す「まったりとした」「濃厚な」などが挙げられる。

触覚の一種、痛覚を用いたカレーの共感覚表現は味覚の「辛味」と明確に区別するのがむずかしい。なぜなら辛さは口の中の痛覚で感じるため、辛味を表現すると自然と痛覚による共感覚表現を伴うことが多くなるからである。「辛味」でみたオノマトペは痛覚ともいえる。辛さが「ノドの天井のところをトゲトゲと刺激しながら通過していく」（東海林さだお「カレーうどん再見」）と感じるカレーもあるだろう。スパイスの辛さが、棘《とげ》がのどに引っかかるように痛覚を刺激する。

共感覚表現を用いるとずいぶんカレーの味表現のレパートリーが広がる。しかし、カレーの味を表すそれ以外の手段も探ろう。

一般評価、素材、状況を表す表現によるカレーの味

カレーの味を表す残る手段は、①一般評価を表す表現、②素材の特性や状態を表す表現、そして③状況を表す表現である。①には、次のようなものがみられる。

こうして、作っている自分でも何が何だかわからなくなるあたりで、そろそろとろみも出て、ややこしい味の、もはや二度と同じものは作れないであろう複雑混ぜこぜカレーが最終段階を迎える。

（阿川佐和子「カレー好き」）

阿川佐和子はカレーにあれこれ隠し味を入れるうちに、味がややこしくなるという。このような味に限定されない評価（「ややこしい」は一般的な評価を表す）を表すことばがカレーの

味にも使用できる。カレーには具材や多くのスパイスが入っているので、味がどうしても複雑になりやすい。一言でいい表せない。そこで、芯の強さも感じさせる味わい、複雑微妙な味、ふしぎな味、よそよそしくない味、貪欲な味、あらあらしい味、優しい味、単純で素直な味などとカレーの味を、人の性格や物事の特徴に見たてた表現までがみられる。

②の「素材の特性や状態を表す表現」。ある大学で野球部存続をかけたカレー対抗戦が行われる。部員たちは完成させたカレーを食べて「中毒性を感じさせる味っすね。一度食ったらやみつきになる」（乾ルカ『カレーなる逆襲！』）とつぶやく。できあがったカレーの味に中毒性ややみつきになる特性がある。ほかに、スパイスの配合や具材の選択によって「独特の風味」や「意外とくせのない食べやすい味」もあろう。あるいは、ひとくち頬張るとほっとする「素朴な味」なども素材特性を表す表現を用いたカレー表現である。

③「状況を表す表現」は、場所・時・作り手・食べ手・調理プロセスにさらに細分できる。「本場風」の味わいがするカレーという際には、おそらくインドという場所を念頭においている。それに対して、甲子園で販売されるカレーを玉木正之は「大きな釜で大量生産された典型的な学食風の味付け」（「カレーは浪花のど根性」）と述べる。学校の食堂という場所で提供される料理の味は、これという決まった味があるわけではなく、みなそれぞれの思い出のなかに刻まれているものではないか。しかし、何となく味の想像ができる。

カレーを食べて思い浮かぶのは、場所だけに限らない。ある特定の「時」にまつわる思い出や感情が脳裏をよぎることもある。次の引用では、小さな食堂で出されるカレーうどんを食べた客の反応が描かれる。

お客さんたちは鼻の頭に汗を浮かべながら夢中でうどんを啜《すす》ってくれた。賞賛の言葉は「懐かしい」と「コクがある」に大別されたが、それはつまり、子供の頃から食べ慣れた美味しいカレーを表現している。

「なるほど。言われてみればその通りです」

三原茂之《みはらしげゆき》はカレーうどんの汁を啜って頷《うなず》いた。

「懐かしいのにコクがある……病みつきになる味だなあ」

（山口恵以子『うちのカレー　食堂のおばちゃん7』）

懐かしいカレーは、幼少期に食べた家のカレーの味をどこか彷彿とさせる。「昔ながらの味」「昭和の味のするカレー」あるいは「新しい味」も「時」にまつわる味ことば。

カレーの「作り手」に注目すれば、プロの味、おふくろの味、丹精こめた味のカレーがあるだろうし、「食べ手」に注目すれば、庶民の味、大衆的な味、大人向きの、お子様向きの味がするカレーとなる。

「調理プロセス」を表すことだってできる。たとえば、「手のこんだ」味。ひとくち食べてみれば、調理するプロセスにおいて手間をかけたことがわかる味、単純でのっぺりとした味ではなく複雑な味わいを感じる。そのような調理のプロセスで味を表現する。二日目のカレーは味がなじんでおいしさが増すとよく言われる。果物が熟すように、カレーの味も熟成する。「熟成した味」も調理プロセスの一種である。

喩えて表現——シミリー（直喩）と擬人法

これまでみてきたカレーの表現手段を用いてもなお言い表せない場合、比喩表現に頼る手がある。カレーの味を「これ！」という何かに喩えてみよう。

シミリーは比喩の一種だが、「〜のような」「〜に似て」「〜みたいな」などの表現によって喩えていることをはっきりと表す。荻昌弘は、土産の英国王室御用達のカレー粉で作ったカレーにたいそう驚き感動する。

さて——女王のカレー。私は、一口、食って、ほんとうに驚愕した。すでに煮込みの最中から、香気の高さ、タダごとではなかったが、まさか、食べて、並みのカレーと、こんなに味も香りもカラさもちがう、いわば高貴の品が現存するのを納得させられようとは、予想もしていなかった。ノブレス・オブリージュ（貴族には高貴にふるまう義務がある）みたいなカレーだった。

（荻昌弘「女王陛下のカレーライス」）

カレーの上品で高貴な味わいを表現するには、もはや「ノブレス・オブリージュみたいな」と喩えるしかぴったりとこなかったのだろう。既存の表現では表せないおいしさに出会ったら、ぜひシミリーを使って、これぞという喩え方をしてほしい。

もうひとつの方法はカレーを人に見たてて表現する擬人法である。次は、浅野哲哉が母親とはじめて本格的なキーマカレーを食べたときを振りかえる。

一口食べてみた。もう、めちゃくちゃ辛くて辛くて！　おまけにゴリッと口の中で何か（クローブ）を噛んだかと思うと正露丸みたく苦くてさあ。ふたりとも思わずコーラとアイスクリームを注文してしまったよ。

あれは普通考えるような味というものじゃないね。なんていうのかなあ、すごい味が自己主張してるっていうか、『オレは、キーマだ!!』ってカリーが叫んでるんだよな（後略）

（浅野哲哉「衝撃のカリー体験」）

キーマカレーの味が、人間のように自己主張すると感じるほどの強烈な個性を放つ。そうなると、カレーはもはや黙っておらず喋りはじめる。

以上、カレーの味ことばをみた。が、まだ足りない。カレーを味わうには、あのスパイスの香りを無視しては語れない。

第三節　カレーの香り（嗅覚編）

香りのないカレーなんて、カレーではない。風味というくらいで、味覚と嗅覚は切り離せないのだから。しかし、カレーの香りを表すには問題がある。味には味覚自体を表す基本五味があるが、匂いには対応するような嗅覚の種別を表す表現が乏しい。いいか悪いかの区別くらいである。いい匂いなら、たまらなくいい香り、芳《かぐわ》しい、芳香、香り高い、香《かぐわ》しい、香《こう》ばしい……と両の手でじゅうぶんに事足りるほどしか匂いを直接表現することばが見当たらない。足りなければ、ほかに頼るしかない。カレーの香りを表すには、主に三つの方法がある。

素材で直接香りを表現

ひとつ目の方法は素直に香りのもとである素材を表す。カレーから立ちあがるスパイスやハーブの香りは何か。まずは鼻でくんくん香りを楽しみ、次に口に運び、咀嚼して飲みこむときに喉の奥から鼻へと抜ける香りを吟味して、感じとれるスパイスの香りを表そう。いつまでも漠然とカレーの「スパイシーな香り」が漂ってくるだけでは物足りない。多少慣れが必要だが、人には匂いを感じるセンサー（嗅覚受容体）がおよそ四〇〇種類もあるのだから、数種類のスパイスはすぐに感じられるようになるはず。

簡単なところからはじめよう。「ニンニク、ショウガも香る」（「ブルータス」二〇二〇年七月一日号）カレーはすぐにわかる。クミンはカレーの香りの中心。その特徴的な香りは口中でも存在を主張する。仕上げに加えられる「ガラムマサラの芳しい風味」も気づきやすい。カルダモンからは爽やかで甘い香りが立つ。カレーによっては、ほのかなだしの風味がしたり、鮮烈な果実香がすることも（かならずしもこれらのスパイスはカレーに入っていなくてもいい）。

上級者になると「クローブ、シナモンに加えコーヒー的なロースト香」や「時をずらして立ち上がるカルダモン、ヒバーチ（石垣島のロングペッパー）、黒コショウのかぐわしい香り」（「ブルータス」二〇二〇年七月一日号）がしたり、インドネシアのカレーには、タイショウガやコブミカンの葉、レモングラスなどの風味を感じるだろう。

香りの共感覚表現

二つ目の方法は、味覚でも活躍した共感覚表現。ここでも貸し手には視覚表現と触覚表現の働きが目だつ。

まず、視覚表現で嗅覚を表す。次元を表す三要素（垂直・水平・奥行き）がしばしば香りを表すのに用いられる。たとえば、垂直方向では「香りに深みがある」「重層的な香り」「香りが複雑な層をなす」というように。この場合、香りは「立つ」「立ちあがる」「立ちのぼる」などと表現される。しかし、香りはしばしば水平方向にも同時に感じるわけで、そうなると「脳の食欲をつかさどる部分をダイレクトに刺激する香りが一気にたち、広がった」（乾ルカ『カレーなる逆襲！』）と組み合わさり、「幅のある」香りとなる。あるいは、数種のスパイスが複雑に絡みあい「奥行きの深い香り」「奥深い芳香」を感じるカレーもある。香りに垂直・水平・奥行きなどの次元を感じるのは、私たちが鼻腔とともに口腔、さらにのどの奥の空間で香りを感じることが関係するのだろう。香りはしばしば立体的にとらえられる。時間的な身体経験を反映した共感覚表現である。

色に関わる視覚表現も香りを表すのに駆りだされる。「何層にも膨らむ青々とした香り」（「dancyu」二〇一九年九月号）は、色彩に関わる。また、複数のスパイスを使うことで「カラフルな香り」がカレーから立ちあがると感じることも。

嗅覚への第二の助け舟は触覚表現から。おもに痛覚、圧覚、冷覚、テクスチャーの触覚に関わる感覚が嗅覚表現に現れる。痛覚はカレーの香りを表す定番。カレーから立ちあがる「何ともいえない刺激的な香り」のように。カレーのスパイスが織りなす香りは鼻の粘膜が直接感じる刺激感覚でもある。軽重を表す表現を用いると「スパイシーなだけではなく、重厚で王の風格すら感じさせるフレーバー」（乾ルカ『カレーなる逆襲！』）とカレーの香りを表すこともできる。重さは圧覚に関わる。ほかにも、山本嘉次郎はインドネシアのカレーは「どこか爽やかな、口が涼しくなるような香り」（「ライスカレーの巻」）がすると述べる。爽やかさは触覚で感じる乾湿を、涼しさは冷覚を表す。

第三の嗅覚表現

三つ目の方法は何か。口と鼻は繋がっているため、味覚と同様、一般評価、素材特性、状況を表す表現が嗅覚でも使用される。

一般評価を表す表現では「複雑な香り」や「絶妙な香り」など、素材特性なら「フレッシュな香り」や「新鮮なスパイスの芳香」となり、「インド方面の香り」なら状況（場所）を表す表現である。味覚表現と異なり、嗅覚表現で特徴的なのは、一般評価のなかでも「匂いが上品」「高雅な名香のような」「気品の高い芳香」（山本嘉次郎「ライスカレーの巻」）や「優雅な香り」などのような人の特性（上品さ）に関わる表現である。
最後にもうひとつだけ、因果関係に関わる表現を追加したい。「食欲をそそる香り」が典型だ。人はおいしそうな匂いを嗅ぐと鼻腔の奥の細胞（嗅細胞）がにおい情報をキャッチして、脳に食べたいという欲求が起こる（佐藤成美『「おいしさ」の科学』）。つまり、カレーの香りを嗅ぐ→食欲が刺激されるという結果が生じる。たまらなくいい香りがするカレーを目（鼻）の前にすると、次のような経験をするようだ。

その途端、胃袋を直接鷲摑みにされたような気がした。鮮烈なほどの嗅覚への刺激に、思わず生唾を飲み込まずにはいられなかったのだ。食欲に思い切り揺さぶりをかけてくるような匂いは圧倒的であった。

（竹内真『カレーライフ』）

第四節　カレーなる味の図解

この章では見た目（視覚）・味（味覚）・香り（嗅覚）の三つのポイントからカレーのおいしさを表す表現を探った。中心はやはり味。そして香り。見た目は二つを支える土台となる。こ

図1　カレーの味の全貌

a. 味覚表現
辛味・甘味・酸味
苦味・旨味・コク
b. 共感覚表現
（視覚・触覚）
c. 一般評価・素材・
状況を表す表現
d. シミリー・擬人法
味
e. 素材で直接表現
f. 共感覚表現
（視覚・触覚）
g. 一般評価・素材・
状況・因果関係を
表す表現
香り
h. 全体像
i. ルーの色合い・粘度
見た目

れを図にすると、**図1**のように表せるだろう。

カレーの味ことばには四つの経路がある。（a）の味覚表現。中心に辛味・甘味・酸味、周辺には苦味・旨味・コクがくる。（b）はおもに視覚と触覚を用いて味覚を表す共感覚表現。（c）の一般評価・素材・状況を表す表現も使える。最後の手段は（d）の味を何かに喩えるシミリーと擬人法。

次に香り。素材を直接表すか（e）、共感覚表現を用いるか（f）、一般評価・素材・状況・あるいは因果関係を表す表現（g）を用いてカレーの香りを伝える。

味・香りを下から支える見た目では、全体像（h）とルーの色合い・粘度（i）を描写することで、より鮮明なイメージを描きだす。カレーの魔法に身を任せ、これら三要素を組み合わせてカレーなるおいしさを表現しよう。

主な参考文献

・佐藤成美、二〇一八年、『「おいしさ」の科学』、講談社ブルーバックス
・福島宙輝、二〇一八年、『「あ、これ美味しい！」の言い換え力』、三才ブックス
・伏木亨、二〇〇五年、『コクと旨味の秘密』、新潮新書

引用文献

・阿川佐和子、二〇一三年、「カレー好き」『アンソロジー　カレーライス!!』（杉田淳子・武藤正人・編）、PARCO出版、一五〇頁

・浅野哲哉、一九九三年、「衝撃のカリー体験」『われらカレー党宣言』、世界文化社、四〇頁、四一頁、四二頁、四三頁

・池波正太郎、二〇一三年、「カレーライス」『アンソロジー　カレーライス!!』（杉田淳子・武藤正人・編）、PARCO出版、一三頁

・乾ルカ、二〇一八年、『カレーなる逆襲！』、文春文庫、一六一頁、二一八頁、二六七頁、二八〇頁

・荻昌弘、一九九三年、「女王陛下のカレーライス」『われらカレー党宣言』、世界文化社、一五七頁

・雁屋哲／花咲アキラ、一九九〇年、『美味しんぼ』二四巻、小学館、一二七頁、一七四頁、一九〇頁、一九一頁、一九二頁

・黒沢薫、二〇〇五年、『ぽんカレー』、角川書店、六五頁、七九頁、八九頁

・子母澤寛、一九九三年、「眞の味は骨に〈印度志士　ボース氏の話〉」『われらカレー党宣言』、世界文化社、一八一頁

・東海林さだお、一九九三年、「カレーうどん再見」『われらカレー党宣言』、世界文化社、一五〇頁

・東海林さだお、二〇一三年、「大阪『自由軒』のカレー」『アンソロジー　カレーライス!!』（杉田淳子・武藤正人・編）、PARCO出版、一七〇頁

・竹内真、二〇〇一年、『カレーライフ』、集英社、二七六頁、三一一頁

・玉木正之、一九九三年、「カレーは浪花のど根性」『われらカレー党宣言』、世界文化社、二〇六頁、二〇九頁

・南場四呂右、３６５カレー（８）https://blog.goo.ne.jp/365curry、二〇二〇年五月三一日

・ハウス食品株式会社・監修、二〇一九年、『世界のカレー図鑑』、マイナビ出版、二一頁、三八頁、四二頁
・吉行淳之介、二〇一三年、「ライスカレー」『アンソロジー　カレーライス!!』（杉田淳子・武藤正人・編）、PARCO出版、二一三頁
・山口恵以子、二〇二〇年、『うちのカレー　食堂のおばちゃん7』、ハルキ文庫、一四四-一四五頁
・山本一力、二〇一八年、「洋食屋さんのキングだ」『アンソロジー　カレーライス!!　大盛り』（杉田淳子・編）、ちくま文庫、一七二-一七三頁
・山本嘉次郎、一九九三年、「ライスカレーの巻」『われらカレー党宣言』、世界文化社、一三二頁、一三三頁、一四〇頁
・「dancyu」、二〇一九年九月号、プレジデント社、六頁、九一頁
・「ブルータス」、二〇二〇年七月一日号、マガジンハウス、二四-二五頁、三三頁、四一頁、七二-七三頁

コラム6　下町の洋食屋さん

安井泉

「下町の洋食屋さん」にかなう洋食はない。そう実感するようになったのは、還暦を前に、筑波からふるさと東京に戻ってからのことだった。山手育ちの私は、下町の洋食屋さんなど知らない。だがなぜか漠然とした憧れがあった。

池袋から西武池袋線でひとつめ椎名町の駅前に「キッチンモミ」を見つけた。まさしく憧れの「下町の洋食屋さん」だ。家から歩ける。それも理想的。初老の男性三人が白いコックスーツに身を包んで客を迎える。八席のカウンターだけの店である。地元の人が「生まれも育ちも椎名町の私は、この味で育ちました」という。店に入ると、かならずモミランチ八二〇円を頼む。ハンバーグに、タルタルソースがかかった魚のフライ、ハヤシがかかったご飯、サラダとケチャップ味のスパゲッティが楕円形の一皿に盛られ、みそ汁が付く。揚げたてで出されるフライはサクサク甘く口ほどけがいい。濃厚な旨味がクセになる絶品ハヤシが贅沢な気持ちをかきたてる。コックスーツのまま何度も出掛けるコックさんがひとりいる。出前のためだ。

地元には「家で出前を食べる」という人が少なくないので、街の食堂であると同時に、街の台所でもあった。「あった」と書いたのは、この洋食屋さん、通いはじめて何年かするとコックの引退のために「しもたや」になってしまったからだ。短期間のつきあいにすぎなかったが、モミランチの味はいまも舌に鮮やかである。

第七章　ラーメンの味ことば

山添秀剛

昼は麺類と決めたとき、まっ先に何を思い浮かべるだろうか。

好みの差はあっても、とくに男性は、ラーメンを選択肢からはずせないのではないか。どちらかというとそばは東、うどんは西と地域差があるが、ラーメンは全国区。ご当地ラーメンも多い。最近は夏メニューもあって、暑い日でも客を呼びこむ。さらに海外進出も。

そのためかテレビでもネットでも雑誌でも、ラーメン特集は少なくない。様々な角度から紹介され、分析され、ランキングされる。人気の理由は、さっと済ませられる手軽さと値段が庶民の味方ということもあるが、やはり味だろう。しかも多様なこと。この章では、そんな多様なラーメンの味をどう表現できるかを考えたい。

第一節　ラーメンの味対決

さて、今日はどの店のどの味にしようか。背脂たっぷりの濃厚味噌ラーメンにバターとコーンもトッピングしてニンニクマシマシで、いやそれとも魚介の旨味に野菜の甘味の効いた淡麗塩ラーメンか、あるいは昔ながらの鶏がら醤油のあっさり中華そばか、しかし小麦の味が楽しめる極太のつけ麺も捨てがたい。

庶民に愛されるラーメン。テレビタレントの食レポに満足できなくても、はふはふと麺をすする表情がアップになれば、うまさはある程度伝わってくる――。が、本当の味はわからない。だからかもしれない、グルメサイト上にラーメン批評があふれるのは。写真はかならずアップされ、そこに、「うまい、おいしい、大好き、大満足、満腹、完食、完飲、クセになる、やみつきになる、また来たい、また食べたい」、などのことばがつらなる。

これらの表現からは、まだどうおいしいのかが伝わらない。実際プロのラーメン評論家でさえ、紹介文で「コトバが出ないほどウマイ！　5軒」や「百聞は〝一食〟にしかず」などの見だしをつけてしまう。が、「コトバにならない」「うまいもんはうまい」「とにかく一度食べたらわかる」などでは、味はわからないままだ。読み手に味を伝えてこそ文章にする価値がある。

文筆家の味ことば

では、書くことを生業とする人はラーメンをどのように描写するだろうか？　川端晶子・淵上匠子・編『おいしさの表現辞典　新装版』は便利な辞典である。その「中華麺」という項目をみよう。ラーメンを描写した文章が一六載っている。エッセイ、新聞記事、漫画など。これらの文章に登場する味ことばを確認するとき、序章の**図2**（三五頁）や第二章の**図1〜3**（八八、九二、九三頁）の解説を思い出してもらいたい。「食味表現」と「味まわり表現」を区別し、それぞれの分類を意識しながら、以下の引用文を読もう。

作家によるラーメン描写がこの辞典には三つある。そのなかから美食家で知られる吉田健一の文章を引こう。吉田の元の文章を少し補充して。

寒夜、これを頼んで出前持ちが玄関のベルを押すのを聞くと、細かな油の玉が一面に浮いている汁にその支那蕎麦と豚肉がぶち込んであるのが眼の前に浮んで思わずにやにやする。

（吉田健一『舌鼓ところどころ／私の食物誌』）

見た目の描写だけに訴える比較的単純な文章だが、食べ応えのありそうな一品なのが伝わる。注文した品はチャーシューメンだそうな。だが、やはり味はまだよくわからない。

次は新聞記事からの引用をみよう。

トロトロとしたフカヒレスープの中にピョロンピョロンとしたフカヒレと腰のある麺が入っていてとてもうまかった。

（毎日新聞二〇〇四年一二月二七日）

まず「フカヒレスープ」という素材を、「トロトロとした」と舌触りの触覚表現で形容する。

「フカヒレ」そのものは、風変わりなオノマトペ「ピョロンピョロン」と表現される。「麺」の食感は、おなじみの「腰のある」。そして味は「とてもうまかった」のみ。まだまだだ。贅沢なフカヒレに圧倒され、ことばを失ったか。

他社の新聞記事もみよう。

ふたをあけるともうもうと上がる湯気に混じって香ばしいしょうゆの香り。…スープをすすると鶏がらベースのしょうゆ味が口いっぱいに広がる。甘みが強いがそれほどしつこくない。ストレートの細めんがスープによくからむ。具の鶏肉は歯応えがしっかりしていて、ほどよいアクセント。

（日本経済新聞［夕刊］二〇〇四年一二月一一日）

先ほどの記事と比較すると、分量が倍以上のためか表現も豊かになる。「もうもうと上がる湯気」のあとに、「香ばしいしょうゆの香り」と嗅覚表現が続く。「スープをすする」食べ手の動作の結果、「鶏がらベースのしょうゆ味」や「甘みが強いがそれほどしつこくない」と味覚表現でスープの味を解説。麺や具はどうか。「細めんがスープによくからむ」との状況から「鶏肉は歯応えがしっかり」と触覚にうつる。見た目の描写を含め、ラーメンのうまさを嗅覚、味覚、触覚の表現で伝える。記者はプロの文筆家だけに、語彙も多く、ラーメン描写も的確だ。
この辞典は、漫画家の描写も取りあげている。ただしセリフだけ。少々手が加えられているので、原典から引く。

ラーメンの味は 様々な味の 要素による 連立方程式で 決まります。その解答は味の マトリックスで 得られるのです。ラーメンの 味の要素は スープでいえば、鶏、豚骨、牛骨、カツオ節、サバ節、煮干し、野菜… 麺でいえば 太麺、細麺、幅広麺、団子麺、削り麺、直麺、縮れ麺、色つき麺、練り込み麺… 味付けでいえば 醤油、味噌、塩、魚醤…

（雁屋哲／花咲アキラ『美味しんぼ』八八巻）

ラーメンの味は奥深い。おいしいラーメンは様々な食材から成りたつ。その味を生む要素が羅列される。特筆すべきは、「連立方程式」と「マトリックス」という表現。ともに数学用語である。よって、ふつうの人には比喩的に響く。ラーメンのうまさが計算されて作られることが前面に現れる。
このエピソードは、大学で数学を研究し、数学のノーベル賞といわれる賞を二度も受賞した天才教授が高等数学はやさしすぎて、ラーメンを数学的に分析するようになったという設定である。だから、漫画のなかでは「連立方程式」や「マトリックス」といった数学用語が比喩として用いられている。

神の舌を持つ男

これまで作家、記者、漫画原作者によるラーメン描写をみた。次に『辞典』を離れて、ラーメン評論家と呼ばれるマニアたちを取りあげよう。「日本初の女性ラーメン評論家」「ラーメン食べ歩き王」「日本一ラーメンを食べた男」などがいるなかで、「神の舌を持つ男」石神秀幸のラーメン描写を二つ。

それまで食べたどんなラーメンとも違っていて、ものすごい衝撃を受けました。ラーメンは湯気が立っていないのですが、熱々。スープが冷めないように表層をラードでフタしていて、熱が逃げないのです。ベースのスープはゲンコツやタマネギ、昆布などからとったもので、甘味のある味噌とニンニクが絶妙に調和し、隠し味の山椒が得も言われぬ風味を醸し出します。

(石神秀幸『ラーメン最強うんちく』)

感情の吐露からはじまり、「湯気が立っていないのですが、熱々」と「表層をラードでフタしていて、熱が逃げない」で、見た目と温度に関する情報が続く。最後の長めの一文は、スープの味の構成をダシ・タレ・薬味と味覚の観点から詳細に解説する。

もうひとつ。

ゴマ油とコショウとニンニクが効いたパンチのあるスープに、しっかり炒められたシャキシャキの野菜がこんもり。中華鍋で野菜を炒め、スープに味付けをしていく工程で、みなぎるような力がたくわえられています。また、この力強いスープに負けない太麺も相性ピッタリなんです。

(同右)

まず、スープの味を香味油と薬味から分析する。そのスープを形容するのに「パンチのある」や「力強い」と、人力に基づく比喩を用いる。そして、このスープが野菜と融合することでいっそう「みなぎるような力がたくわえられ」る。さらに、スープが太麺と調和する様を「相性ピッタリ」と、これまた人間関係に喩えて表現。

概して、両者ともラーメンを構成する部分に着目し、分析的に描写するのが特徴だ。

ラーメンな味ことば

さて、序章の図2（三五頁）や第二章の図1（八八頁）では、「食味表現」の広がりが示された。むろん中心は味評価と味覚だが、共感覚として嗅覚・触覚・聴覚・視覚の四覚が味の表現を豊かにするのに貢献する。これはラーメンにはどのように当てはまるのだろうか。ここまでみた六つのラーメン描写から検討しよう。

どのような食味表現があっただろうか？「うまかった／鶏がらベースのしょうゆ味／甘みが強い／甘味のある味噌とニンニクが絶妙に調和」などは、味評価や味覚に関する表現といえよう。このような味覚表現を中心にラーメンの味ことばも、他の感覚表現に広がりをみせる。

まず味覚に近い嗅覚表現はどうか。「香ばしいしょうゆの香り」や「得も言われぬ風味」がこの例。「風味」ということばに象徴的だが、鼻と口は身体上つながっているので、ことばにおいても香りは味と隣りあわせだろう。

さらに、他の感覚から借りた共感覚表現をみよう。触覚表現には、「腰のある麺／トロトロ／ピョロンピョロン／しつこくない／歯応えがしっかり」がある。口腔内で感じる食材の硬軟・粘性・軽重を示し、食味表現を補う。

聴覚表現はどうか。六つの例では、「ほどよいアクセント」や「シャキシャキの野菜」など。ほかに、「香味油によるビターな余韻、旨みと甘みのハーモニー、スープの旨みがガーリックやバターと共鳴」などの事例がある。

視覚から借りてきた表現は、「口いっぱいに広がる」や「隠し味の山椒」などがあるが、わかりやすい他の例は「まろやか／大味／厚みがある／深い／すっきり／濃い／薄い／淡い」だろう。すべてもとは視覚がとらえる形態・大小・奥行き・明暗などの表現で味を語る。

ラーメンの味ことばに欠かせない要素をもうひとつ確認しておく。これは第二章の**図2**（九二頁）と**図3**（九三頁）で詳細が示されたことを思い出してほしい。「食味表現」と「味まわり表現」の関係が説明された。直接食味を語る表現の周囲に広がる表現だ。これをラーメンの味ことばの六つの例から探してみよう。「フカヒレ／もうもうと上がる湯気／ストレートの細めん／具の鶏肉／細かな油の玉／支那蕎麦と豚肉／ベースのスープはゲンコツやタマネギ／昆布などからとったもの／中華鍋で野菜を炒め」などなど。

ずばり「見た目」の表現が目だつ。これは第二章**図**3の、㋐素材・㋑調理プロセスを経てできあがった㋔料理を中心としたものと考えられる。眼前に届くできたてのラーメンの見た目がすばらしければ、それを一番に伝えたい心理が働くだろう。目につく印象をまっ先にことばに、と。「具には贅沢なフカヒレ」「スープは透明で湯気が立っている」「麺はストレートの細麺」など。そして次に、レンゲを取ってスープを一口飲む。「うまい」と食味評価もできるが、このスープの味を決める食材（第二章**図**3㋐素材）へ話をもっていくこともできる。「このスープはゲンコツやタマネギ、昆布などからとったものだ」など。あるいは、先ほどみた大将の鍋さばきから一流の料理人の調理過程（同**図**㋑調理プロセス）を語る場合もある。「手際よく中華鍋で野菜を炒め」など。もしくは、客の行動（同**図**㋕食べ手）やその後の状況（同**図**㋖反応）をことばにしてもいい。「思わずにやにやする／衝撃を受けた／箸が止まらない／レンゲを置けない」など。

ラーメンの味を表現するにも、やはり中心になるのが味覚である。これを補完するのに他の感覚を借りる共感覚（視覚、触覚、嗅覚、聴覚）があった。また、ラーメンそのものの「見た目」も重要で、見た目を分析的にとらえ、食材を語ることもできる。あるいは、料理人の調理過程に注目してもいいし、客の行動もしくは料理を口にする前後の反応に焦点を絞ることもできる。ラーメンそのものの見た目の背景には、第二章**図**3で確認した一連の味まわり表現があることがわかるだろう。

第二節　ラーメン解体新書

さらにラーメンの味ことばを追っていきたいが、その前にラーメンそのものを整理しておく。自転車を解体するように、ラーメンを解体しよう。構成要素を一つひとつみるために。それに基づき、ラーメンの種類も確認する。

ラーメン、冷麺、つけ麺

まず、ラーメンの構造をまとめよう。図1のようになる。

通常のラーメンは、㋐（熱い）スープ＋㋓麺＋㋔具材からなる。しかし、ひとつの丼でサーブされるこの基本形でも変種が存在する。熱いスープを冷たくすれば、冷麺（冷やし中華）や冷やしラーメン（冷麺を意味する場合もある）となる。この二者の一番大きな違いは、酢が入るか否か。味つけに酢が入るのが冷麺。これで暑い夏も、ざる蕎麦や冷やしうどんと同様に、ラーメンも楽しめる。

スープが麺と具材から別皿に切り離されれば、つけ麺になる。麺が入った大きな丼とスープが入った小さな丼が登場。麺をスープにつけて食べる。麺そのものの小麦の風味をよりダイレクトに楽しめる。だから太麺が多い。蕎麦好きがざるでつゆもそこそこに蕎麦そのものの風味を楽しむのと似ているかもしれない。

また、㋐㋓㋔の三要素からスープがなくなれば（厳密にはタレはある）汁

図1　ラーメンの構造

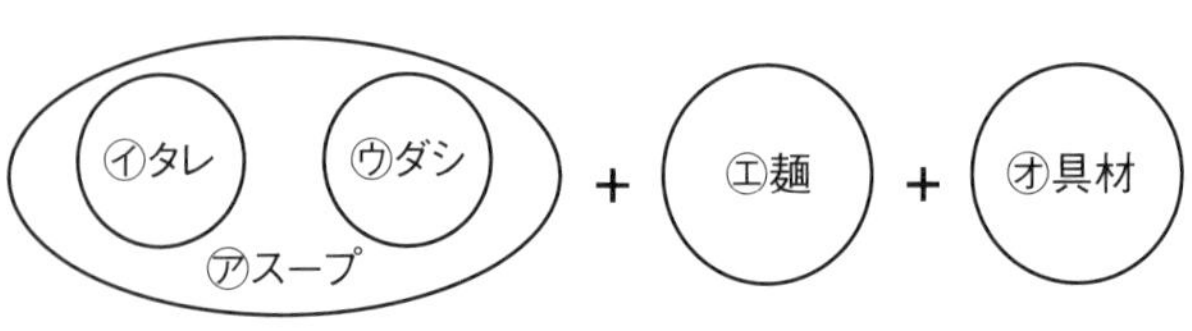

なし麺、油そば、まぜそば、あえそばになる。丼はひとつ。具と麺とタレをしっかりまぜて食す。ちょうど茹であげたうどんに卵と出汁しょうゆをかけて食べる釜玉うどんのような感じか。

さらに、あくまで㋐＋㋓が主役で、㋔具材の野菜がしっかり脇役をつとめる場合は、サラダ（野菜）ラーメンだが、この序列が逆転すれば、ラーメンサラダと呼ばれる。これはラーメンではなく、サラダの一種。サラダの量が麺よりも多く、味つけはドレッシングとなるから。変種も多様だ。

多彩な麺々、トッピング七色

次に各パーツを調べよう。

まず㋓の麺について。ラーメンのうまさを決定する重要な要素である。すでにみた『美味しんぼ』（八八巻）に詳しく種類が列挙されていた。太麺、細麺、幅広麺、削り麺、直麺、縮れ麺、色つき麺、練りこみ麺など。麺の太さをさらに細分化すれば、極太麺や中太麺などもある。幅広麺は平打ち麺という方が馴染みがあるかもしれない。練り込み麺には、卵・柚子・生姜・昆布・唐辛子・トマトなどが練り込まれる。製麺機を使わなければ手打ち麺、最後の仕上げで形を整える手もみ麺などもある。店主がどの麺を選択するかは、スープとの相性で決める。店主によっては、製麺所の既製品にあきたらず、自家製麺で小麦粉・かんすい・水・卵などの独自の配合や形状を追究する。

ついで、㋔の具材。ラーメンの味だけでなく見た目の印象も変える重要な要素である。代表的なものに、チャーシュー、味つき玉子、バター、ワンタンなどの動物系、海苔、わかめ、ナルトなどの水産物系、メンマ、ねぎ、もやし、たまねぎ、キャベツ、ほうれん草、コーンなどの野菜系、こしょう、にんにく、生姜、山椒、辛味噌、魚粉などの薬味系、ラード、ねぎ油、ごま油、ラー油、馬油《マー》、鶏油《チー》、煮干し油、エビ油、ホタテ油などの香味油系などがある。

ダシもいろいろ

ではスープの構成はどうなっているだろうか。㋐スープは、㋑タレ＋㋒ダシからなる。店のカウンターから見える風景として、ラーメンを作る工程で、丼に小さなお玉のようなタレレードルで最初に入れるのがタレ、その次に寸胴鍋から大きめのお玉で入れるのがダシ。この区別を厳密にできるかどうかが素人とマニアの分水嶺のようだ。自称「日本一ラーメンを食べた男」大崎裕史は、（素人は）「ダシのことをスープと呼んでしまっている」（『無敵のラーメン論』）や「雑誌などの分類で醤油・塩・味噌・豚骨とあるが、実際はあの分類は正しくない」（同右）と指摘する。

タレは、「醤油」「塩」「味噌」の三種のみ。これが三大タレと呼ばれる。

ダシは、「豚骨」「牛骨」「鶏がら」「魚介」「野菜・果物・茸類」からとる。これらがスープの味のベースとなる。「神の舌を持つ男」の引用文にあったゲンコツは、豚のひざ関節あたりで、人のこぶしに見たてられてこう命名された。魚介ダシは、煮干し系（片口鰯《かたくちいわし》、潤目鰯《うるめいわし》、アゴなど）、節系（鰹《かつお》節、鯖《さば》節、宗田《そうだ》節、鯵《あじ》節、鮪《まぐろ》節、鮭《さけ》節、秋刀魚《さんま》節など）、海草系（昆布など）、貝系（アサリ、シジミ、ホタテ、カキなど）、甲殻類系（エビ、カニなど）がある。動物系ダシと魚介系ダシを足し合わすと、Wスープと呼ばれる。ちなみに、タレやダシを丁寧に作れば、化学調味料が入る余地はなくなる。「無化調」ということばも使われるようになった。

タレだけでラーメンが差別化されることがある。昔ながらの中華そばなら醤油ラーメン、透き通ったあっさり塩ラーメン、札幌の味噌ラーメンなどが有名だろう。タレ＋ダシの厳密な名称なら、鶏がら醤油ラーメン、魚介塩ラーメン、塩豚骨ラーメンなど。ダシだけで差別化すれば、博多の豚骨ラーメン、青森の煮干しラーメン、根室のさんま節ラーメン、宍道湖のしじみラーメンなどがある。

タレとダシの区別を描写する例を挙げよう。「ラーメン女子大生」を経て「日本初の女性ラーメン評論家」などと呼ばれる本谷亜紀による。

ほんのり甘めの白醤油ダレに、動物系と昆布や干しエビの魚介スープを合わせた透明度の高いスープで、麺はしなやかな細麺。そして特筆すべきはやっぱりワンタン！
（本谷亜紀『日本初の「女性ラーメン評論家」になっちゃいました！』）

この醤油Wスープの構成を、タレは味覚から描写し、ダシ（引用文中の「魚介スープ」は本来はダシというべき）は素材の種類からとらえる。

第三節　ラーメンの味なことば

さて、ここまで注目してきたラーメン描写は、文字どおりの表現が多かった。たとえば、おいしいラーメンを食べて、「うまい」や「いい旨味だなあ」と描写すると、意味はそのままの範囲にとどまる。しかしこれを、「中毒になる」や「旨味の大波が押し寄せる」とすれば、字義どおりの表現を超えていく。味を薬物や波に喩えるのだから。ラーメンの味ことばは、比喩表現へと広がりをもつ。

字義の街から比喩の森へ

ラーメンの「味」とその「見た目」を表す味ことばの基本は、味評価や味覚を文字どおりに表す。それは食味表現の内側にある。この範囲内だと、味については「おいしい」や「絶品だ」など、また、ラーメンの見た目については「うまそう」や「白濁スープ」などとしかいえない。

しかし、この境界を越えると、そこは文字どおりではない世界が広がる。比喩の世界といってもいい。ただし、この世界も一様ではなく、中心から距離が離れるにつれ、文字どおりではない程度、つまり比喩性は色濃くなる。字義世界の境界と近いほど、その比喩表現はよく使われ定着しているため、ときには比喩とは気づかないほど慣習性が高い表現もある。

ただし、慣習性が高くなると比喩の鮮度が落ちることがある。たとえば、「腰のある麺」「病みつきになるスープ」「山のようなもやし」などがそうだろう。よく目（耳）にする何の変哲もない表現。それぞれ文字どおりの表現に近い形に変換すれば、「弾力のある麺」「何度も味わいたくなるスープ」「たくさんのもやし」とさらに平凡になる。

しかし、字義の世界から遠く離れれば離れるほど、比喩の森へ奥深く踏みこむことになり、そのぶん比喩表現の鮮度は高まる。馴染みがない、変わった、人目を引くことばのたぐい。これをラーメン雑誌から探そう。これ以降の用例は、ムック『TRYラーメン大賞』（講談社）の「第20回（2019-2020）」版と「第21回（2020-2021）」版から引く。とくに表記がないものは、ほぼこの二冊からの引用である。このムックは、評論の内容だけでなくことば遣いも興味深い。

ラーメンの味は生き物

ラーメンの評価で一番大切なのは味そのものだろう。そのおいしさを文字どおりのことばでは伝えられないとき、比喩が登場する。その比喩もいろいろ。興味深いことだが、ラーメンの味を何に喩えるか、そこには多彩な発想がある。第一に、ラーメンの味を生命が宿る生き物としてとらえる例をみよう。まずは人間になぞらえる例から。

「腰のある麺」「一杯の中のさまざまな表情」「紳士的なにぼしラーメン」「貫禄たっぷりの旨み」では、腰・表情・紳士・貫禄という本来は人専用の語を用いて、麺の弾力・味わい・上品さ・豪勢さを表す。「醤油ダレが主張するスープが美味」や「食べ手を選ばない一杯」の主張する・選ばない主体は、もともと人のはず。比喩としては、タレが効いている様や万人受けする味つけを表す。これらには〈味は人〉という発想が関わる。人に喩える類例はほかにも、「味の骨格」「優しい味」「一晩寝かせた味」などがある。すべて擬人法と理解できる。

豚骨豚そばに対して「ケモノ感あるスープとバキバキした麺が美味」、煮干しラーメンを評して「塩みやえぐみを巧みに飼い慣らした見事な一杯」、まぜそばを喩えて「口の中で麺が暴れる。躍動感がある」はどうだろう。ケモノ感・飼い慣らした・暴れる、などから操るのが容易でない動物に喩えていることがわかるだろう。野趣や野性味を〈味は動物〉の観点からとらえる。人にはないワイルドさが前面にでる。

味を人や動物に喩える例をみた。もっと広く、生命の営みという大きな視点からみることも可能。「名店のDNAを受け継ぎ」や「味の進化」では、本来は味に無関係なDNAや進化で描写する。名店の味の真髄を生物の遺伝子の本体たるDNAに、味の改善を生物学的な進化論になぞらえる。発想は〈味は生命〉。地球そのものも大きな生命体だと考えれば、「塩ラーメンの最高峰」や「次々に押し寄せる旨みの波」など、自然（現象）に喩える例も加えていいかもしれない。〈味は自然〉という見方である。

ラーメンの味はもの

ラーメンの味を生き物の観点からとらえる例をみた。次に、生命が宿らない、物理的な物体などの具象的な物、あるいは実体を伴わない概念などの抽象的なモノに喩える例をみよう。

「この味は中毒性あり」や「病みつきになるスープ」はどうか。自制できぬほど何度も味わいたくなることを、薬物やアルコールなどの病的な中毒・依存症状に見たてる。発想は、ラーメンの〈味は薬物〉。

「鴨の滋味と切れ味鋭い醤油のつけダレが好印象」「シャープで切れのある味わい」「日々磨き

上げる味」「味が研ぎ澄まされ、刺さる一杯」「オトナの魅力溢れる燻し銀のような味わい」などに共通する見方は何だろう。答えは、切れ味鋭い・シャープ・切れのある・磨き上げる・研ぎ澄まされ・刺さる・燻し銀、の語群が示す刃物にまつわる見方。コクやキレ（第一章）のキレの背後には、〈味は刃物〉の発想があるのだ。

「麺のうまさが爆発」「鶏の旨みが炸裂するスープ」「旨みが味覚中枢を直撃」「これぞ〝貝心〟の一撃」「シジミの旨さがズドン」「炙った燻製チャーシューの破壊力」などはどうだろう。ラーメンは文字どおり爆発も炸裂も破壊もしない。やはり比喩の世界である。ラーメンの〈味は爆弾〉という見方か。応用すれば、「辛味噌と謳っているものの不発」「味玉の意外なうまさが誤爆」「貝ダシにロックオンされた」などの表現も考えられる。

「奇をてらわない直球の汁なし」をみよう。この例では、汁なし麺の味を投球に喩える。ひとつの丼に麺と具とタレのみの汁なし麺もいまやラーメンの一部門を占めるほど人気があり、そのバリエーションは多彩だ。担々麺から魚介系和風まであり、具材も厚切りチャーシューはもちろん、サーモンにイクラ、カツオチップスまで。様々な汁なし麺に手をだしても、やはり原点回帰したくなって、「もっとも標準的な汁なし麺」を、投球でもっとも標準的な球種ストレートになぞらえる。野球の喩えはほかに、「一杯入魂」など。

野球から他のスポーツに目を移せば、「パンチのあるヘビー級の味」「衝撃の旨みでノックアウト」はボクシングの喩え。「旨みの合わせ技」「舌に脳にガツンと響く」は柔道などの格闘技だろう。

ラーメンの〈味は野球・格闘技〉という発想を垣間みた。これを応用すれば、「場外ホームランのつけ麺」「麺よしスープよしチャーシューよしでTKO」「辛味噌のボディーブロー」「きれいな一本勝ちのダシ」などが可能だろう。

第一節で漫画『美味しんぼ』の例として「ラーメンの味は様々な味の要素による連立方程式で決まります」と「その解答は味のマトリックスで得られる」を挙げた。これらはラーメンの〈味は数学〉というとらえ方だろう。連立方程式やマトリックス（行列）以外の例はどうか。「引き算系のラーメンが増える中で、あえて足し算でおいしくまとめている」。**図1**（二二二頁）でみたように、ラーメンには構造がある。それを形作る要素をどのように組み合わせて調理するかを算数に見たてる。そこには当然、解答があるはず。「汁なしの模範解答というべき一杯」。さらに、模範解答はテキストに載っているだろうから、「動物魚介のつけ汁に酸味を付与した教科書のような一杯」という表現も考えられる。

ラーメンの味は様々な要素が調和することで成立するという考え方もよくみられる。ラーメンの〈味は調和〉。「シジミの旨みと醤油の香りのバランスが秀逸」「麺と濃厚つけ汁が拮抗する魂の一杯」「重厚なスープにもっちり麺がマッチ」「動物系と魚介系が織り成す味と香りのハーモニー」「自家製麺とつけ汁のコラボレーションが見事」「甘めのスープと太麺が相性抜群」「鶏白湯《とりぱいたん》とカレーのマリアージュ」など。バランス・拮抗・マッチ・ハーモニー・コラボレーション・相性・マリアージュと、物と物の力の均衡から人と人の心の均衡まで様々な調和になぞらえる。

ラーメンの〈味はX〉――このXにここまで人や刃物、数学などが入ってきたが、Xはまだほかにもある。味とXに何らかの類似性を感じつつ、Xが食の領域から離れれば離れるほど、その比喩表現は斬新でかつ鮮度はあがる。ただそれにつれて、理解がむずかしくなるおそれもあるが。

最後に奇抜な喩えの例をみよう。味玉塩らぁ麺を評して「『バターを入れたのでは?』と思うほど甘いオイルがスープとベストマッチ。貴婦人のような『静』の塩ラーメン」。濃厚ホタテそばに対して「とにかくホタテに振り切り、いい意味でブレーキが壊れた感じ」。極太豚骨ラーメンを喩えて「ハードでカオスな一杯」。豚そばに対して「すべてが規格外の『変態』豚骨ラーメン」。ラーメンの味を、貴婦人・壊れたブレーキ・カオス・変態に喩える。それぞれいわばスポットライトの当たる部分が異なり、そのおいしさのニュアンスが変わる。味の上品さ・限度・混沌・異常さの観点が前面にでる。

比喩のゆくえ

さらなる高みを目指すラーメン職人は、食べてよしだけでなく、見てよしも追究する。おしゃれな見た目を重視するものが増えた。

グルメレポートの達人は、特上海鮮丼の見た目を「宝石箱」に喩えた（第三章）。ラーメンはどうだろう。「真っ白な背脂の雪景色」と「山のようなもやし」をみよう。ラーメンにトッピングされている背脂の様を積雪に、大量のもやしを山に喩える。両者ともに自然に見たてる。

ラーメンの味を人に喩えたように、その見た目も人になぞらえることができる。たとえば、「旨みたっぷりのスープにシルキーな細麺が寄り添う」や「青・白・赤の3色のネギが踊る」など。スープの中に麺がある様を人と人が寄り添うことに喩え、三種のネギが彩り豊かに盛られている状況を人の踊りに見たてる。

このようなラーメンの〈見た目はX〉のXにはほかに何が入るだろうか。つけ麺に対して、次のようなコメントがある。「まるで会席料理！　食材・技術・センスの塊です」「色白で美しい麺、ほんのりピンク色のチャーシューなど官能的でセクシーな印象のある一杯」「まるで遊園地のような一杯」。三品ともすべて異なるラーメン店の料理で、つけ麺の見た目がそれぞれ会席料理・美女・遊園地に見たてられる。膳だての形式美・女性の魅力・様々なアトラクションからなる楽しさの観点が生きる。ラーメンの見た目も何らかの類似点を感じれば自由な発想でXを埋めるといいだろう。

この章では、ラーメンの味や見た目を表すことばを調査した。みんなに愛されるがゆえに、極上のラーメンに出会えば、そのうまさや見ばえを他人に伝えたくなる。その結果、ラーメンの味ことばの交歓会がはじまる。

主な参考文献

・大崎裕史、二〇一一年、『日本ラーメン秘史』、日経プレミアシリーズ
・雁屋哲/花咲アキラ、一九九三年、『美味しんぼ』(三八巻)、小学館
・雁屋哲/花咲アキラ、二〇〇〇年、『美味しんぼ』(七六巻)、小学館
・河森理恵・編、二〇一〇年、『ラーメンプロの技術』、柴田書店
・柴田書店・編、二〇一九年、『ラーメン技術教本』、第三版、柴田書店
・瀬戸賢一・編著、二〇〇三年、『ことばは味を超える』、海鳴社
・瀬戸賢一ほか、二〇〇五年、『味ことばの世界』、海鳴社
・鳴見なる、二〇一四―二〇二〇年、『ラーメン大好き小泉さん』(一巻-九巻)、竹書房

引用文献

・石神秀幸、二〇一四年、『ラーメン最強うんちく』、晋遊舎、一二三頁、一八二頁
・大崎裕史、二〇〇二年、『無敵のラーメン論』、講談社現代新書、一四頁

・雁屋哲／花咲アキラ、二〇〇四年、『美味しんぼ』（八八巻）、小学館、八一‐八二頁
・川端晶子・淵上匠子・編、二〇一六年、『おいしさの表現辞典 新装版』、東京堂出版、四四‐四六頁
・講談社・編、二〇一九年、『第20回業界最高権威 TRYラーメン大賞2019‐2020』、1週間MOOK
・講談社・編、二〇二〇年、『第21回業界最高権威 TRYラーメン大賞2020‐2021』、1週間MOOK
・本谷亜紀、二〇一三年、『日本初の「女性ラーメン評論家」になっちゃいました！』、扶桑社、一五頁
・吉田健一、二〇一七年、『舌鼓ところどころ／私の食物誌』、中公文庫、三六‐三七頁

コラム7　ロンドンの中華

安井泉

一九九四年、四〇代後半の私はロンドンの大学で一年を過ごした。ある日、スコットランド人の言語学者マコーレイの講演が終わり、彼の好物で、自らも腕を振るうという中華料理をみなで食べに行くことになった。

大学から中華街の店まで歩き、数人で囲んだ円卓で私はマコーレイの隣になった。彼はやおら紙とペンを取り出すと、何も見ずに漢字で料理名をすらすらと書いている。いくつもの料理名がリストに連なっていく。中国人の給仕に紙を渡すと、次から次へと料理が運ばれてきた。円卓に陣取った言語学の教員も院生も小さな茶碗に盛られたご飯の上に、箸さばきあざやかにおかずを載せると、おいしそうに食べはじめた。「中華には白いご飯があい、箸とレンゲでは味が違う、ごはんのほぐれ具合と、口の中のすきまのでき方で味が混ざり合い、決まるからだ」と注釈までついた。一般に味や食感にこだわりがないとされ、ホウレンソウをくたくたになるまで茹でる英国人が、微妙な味の濃淡を堪能している様は驚きであった。

英国内を旅行するとき、知らない街では夕食を中華のテイクアウトにするという日本人の友人がいた。他のレストランに比べ、味が安定しているからだろう。英国ではどの街にも、中国系の人々が営む中華料理店と、インド系の人々が営むインド料理店があり、ほぼ例外なくおいしい。彼らの故郷の味へのこだわりに感謝したくなる。

第八章　お菓子のオノマトペ

武藤彩加

この章では、お菓子のおいしさを表すオノマトペ（擬音・擬態語）をみる。つぎに示すのは、グリコ「ポッキー」のウェブサイトからの引用である。

①心を躍らせて＊ポキッと折ろう＊！ポッキーが軽やかに割れる音や食感は楽しくリズミカルな音で気分が盛り上がり、美味しさにもう手が止まりません。

（グリコ　ポッキーウェブサイト）

ポッキーのおいしさには、ポキッという音と食感（聴覚と触覚）の二つの感覚が関わるのがわかるだろう。同じくグリコ「プッチンプリン」のウェブサイトではこうなる。

②プッチンしてお皿に移せる楽しさ、プルル～ンとした食感で、子どもから大人までみんなにＨａｐｐｙをお届けします！

（グリコ　プッチンプリンウェブサイト）

このウェブサイトには、プルル～ンと揺れ動くプリンの動画があがり（視覚）、さらにプラスティック容器の底の「ツマミ」を折るプッチンする音（聴覚）、そしてプルル～ンとした食感（触覚）と、視覚・聴覚・触覚の三つの感覚でおいしさがアピールされる。

食べ物のおいしさを表す表現は数多くあるが、こうした、ポキッ、プッチン、プルル〜ンといったオノマトペもまた、私たちの日常にあふれている。

第一節　日本語とオノマトペ

まず、日本語のオノマトペ一般について考えてみよう。日本語は、韓国語などに次いでオノマトペが豊富な言語であり、オノマトペの辞典には約四、五〇〇〇語が収録されている（小野正弘・編『日本語オノマトペ辞典』）。豊富なオノマトペにより、日本語では個々の感覚をより微細に効率よく表すことができる。

痛みとオノマトペ

痛みを訴える場面でもオノマトペは活躍する。たとえばガンガン、ヒリヒリ、ズキン、グリグリ、ズーン、ズキズキ、キリキリ、チクッ、ビリッ、キーン……。患者は痛みを表現する際にこうしたオノマトペを用いて話す。理由は、簡素かつ直接的で、痛みの程度と部位・深度もともに表現できるから。

たとえば、「ガンガン」（痛い）の四文字で、患者は頭が割れるように、強く深く断続的に痛む状況を即座に医者に伝えられる。他方、「ヒリヒリ」は頭ではなく、皮膚や粘膜の痛みに限定される。とても便利だ。

オノマトペの重要性

もちろん痛み以外でもオノマトペは大活躍する。適切な言い換えの表現がない場合、あるいは言い換えると長く複雑になる場合などに、オノマトペを使えば、簡潔に的確に伝えられるからである。例として、触覚の「ベタベタ・ツルツル・イガイガ」、感情の「イライラ・ヒヤヒヤ・ハラハラ」、動作の仕方である「じっくり・ぺらぺら」といった表現がある。

たとえば、「うどんをツルツルすする」「彼はいつもイライラ（モジモジ）している」のような表現を、オノマトペを使用しないで言い換えてみよう。「ツルツル」なら「抵抗なく滑らかにすべるように」とでも表現できるだろうが、長く冗漫になるうえに、伝えたい意味が正確に伝わらないのではないか。「ツルツル」のスピード感、爽快さがでない。「星がキラキラ光る」なども同様。的確な言い換え表現を探すのはむずかしい。これらの例からもオノマトペは、ふだん意識されることはあまりないが、私たちの日ごろの会話や文章表現で重要な役割を果たしていることがわかる。

第二節　お菓子のおいしさと五感

では、お菓子のおいしさ表現とオノマトペとの関係はどうだろうか。具体的には、お菓子のおいしさがアピールされる場面でどのようなオノマトペが使用されているのか、また、そのオノマトペがどのような感覚を表すのか。これをレシピ掲載サイト「クックパッド」上の用例とともにみていく（実例なのでかならずしも一般的ではない表現が一部含まれる）。

クックパッドのオノマトペ

料理レシピのウェブサイトであるクックパッドには、現在六、〇〇〇万人以上の利用者がいて、三六〇万品を超えるレシピがあがっている。私たちの日常生活でレシピの公開や検索に広く利用されるツールのひとつであり、そこには一般の人々が使用する日本語の実態が直接的に反映される。同サイト内のクックパッドニュースによると、たとえば、「フワフワ＋パンケーキ」というように、利用者によるオノマトペ検索に注目が集まっているとのことである。そこで、クックパッド上で多く使用されているオノマトペの上位一〇表現とそのお菓子の例を検索してみよう（二〇二〇年八月二七日）。

フワフワ（五六、〇三〇例）、シフォンケーキ、マフィン、ホットケーキ、蒸しパンなど
シットリ（五三、四四〇例）、ガトーショコラ、パウンドケーキ、金団《きんとん》、焼き芋など
サクサク（三六、四一三例）、スコーン、クッキー、タルト、パイなど
トロトロ（二八、九八三例）、プリン、フレンチトースト、チョコレートなど
カリカリ（二三、五三一例）、メロンパン、カヌレ、キャラメル、ラスクなど
ホクホク（一九、八四〇例）、焼き芋、フライドポテト、焼きリンゴなど
カリッ（一六、二一九例）、ワッフル、芋けんぴ、チョコトーストなど
パリパリ（一二、五四四例）、生チョコ、リンゴチップス、チーズせんべいなど
プリプリ（七、二三〇例）、プリン、ゼリーなど
ゴロゴロ（六、七八八例）、アップルパイ、パウンドケーキ、マフィンなど

単一の感覚でおいしさを表すオノマトペ

食品科学の分野で食感のことをテクスチャーと呼ぶが、それを表すことばのうちオノマトペは七割以上を占めるとされる。とくによく使われるテクスチャー表現は次のとおり。

脂っこい、油っこい、脂っぽい、油っぽい、糸を引く、かたい、硬い、堅い、固い、かみ切

れない、かみごたえがある、カリッ、口あたりがよい、クリーミー、クリーム状の、こくがある、こしがある、こってり、粉っぽい、コリコリ、サクサク、サクッ、舌ざわりがよい、舌に残る、渋い、シャーベット状の、シャキシャキ、シャキッ、シャリシャリ、ジューシー、汁気が多い、芯がある、ゼリー状の、弾力がある、つるつる、とろける、とろっ、どろっ、とろとろ、とろみがある、とろり、なめらか、ねばっ、ねばねば、ねばりがある、濃厚な、のどごしがよい、歯ごたえがある、ぱさぱさ、歯ざわりがよい、パリッ、パリパリ、ふっくら、ふわっ、ふんわり、ほくほく、まろやか、水気が多い、水っぽい、みずみずしい、もちっ、もちもち、もっちり、やわらかい、軟らかい、柔らかい

（早川文代ほか「質問紙法による消費者のテクスチャー語彙調査」）

このなかからオノマトペを抜粋し、それに食感以外で頻度の高いオノマトペを加えて整理すると、単一の感覚でおいしさを表すものと、複数の感覚でおいしさを表すものの、二つのタイプがあることがわかった。

はじめにひとつの感覚でおいしさを表すオノマトペからみよう。

（ア）「視覚」のみでおいしさを表す（キラキラ）

③キラキラ輝くゼリーケーキを作ろう！　冷たくて透明感のあるゼリーは、夏の定番おやつ。

キラキラは視覚のみを表すオノマトペであり、ここでは視覚的な美しさでゼリーのおいしさが表される。

次のタップリもここに含めよう。

④どーんと丸ごと大きな栗の渋皮煮がたくさん入った「栗たっぷりパウンドケーキ」をご紹介！

④では、丸ごとの栗が多い（タップリ）という視覚的印象でケーキのおいしさがアピールされる。

（イ）「触覚」のみでおいしさを表す（シコシコ）

触覚を表すオノマトペは、「シコシコ・シコッ、チクチク、ボソボソ・ボソッ、モサモサ・

モソッ、モゴモゴ、ブチュ・プチュ」などだが、触覚のみでお菓子のおいしさを表すのは次のシコシコとシコッのみだ（ただし個人差あり）。

⑤黒みつとお抹茶の味が同時に楽しめるシコシコした味わいのお団子です。

⑤の団子のおいしさは、触覚（歯ごたえ）を表すシコシコで表されている。ほかに、ツルツルやフワフワなども触覚を表すが、これらのオノマトペは他の感覚も表すのであとで述べよう。

（ウ）「嗅覚」のみでおいしさを表す（プンプン）

⑥美味しくて香り高いお菓子で優雅におやつタイムが過ごせます！　抹茶の香りがプンプンします。

プンプンはもともと「強いにおいがしきりに鼻をつくさま」という、マイナス評価を表す。そのためおいしさを表す際には使用されないと思われたが、クックパッド上に七七例の（少数派であるものの）プラス評価的意味が認められた（二〇二〇年一一月二二日）。今後どれくらい普及するかは未知数である。いずれにせよ嗅覚のみに関わるオノマトペでおいしさを表すのはむずかしそうだ。

（エ）「味覚」のみでおいしさを表す（コックリ）

次のコックリは味覚のみを表すオノマトペである。

⑦バターでこっくり☆濃厚かぼちゃプリン

このタイプのオノマトペは、ほかに「マッタリ、アッサリ、サッパリ、ドッシリ」があり、すべてある種の味を表している。このうちコックリは、辞書には「落ち着いた深みのあるさま」とあり、例として「コックリしただし汁」があげられている。これと類似した意味をもつ表現に、次のマッタリがある。

⑧お鍋で作るまったりプリン♡クリーム添え♡基本の3つの材料だけでまったりと濃いプリンに♡

マッタリもやはり、コックリと類似したある種の味を表す。辞書では「味わいがおだやかで、こくのあるさま」といった説明があり、「クリームチーズと抹茶パウダーを多めに使い、マッタリ濃厚な抹茶チーズケーキに仕上げましょう」といった例からもわかるように、コックリもマッタリもともに、プリンやチーズケーキなどが通常よりも濃厚で好ましいといった様を表すおいしさの表現である。

（オ）「聴覚」のみでおいしさを表す

聴覚のみで食品のプラス評価を表す例は見当たらない。

以上、単一の感覚でおいしさを表すオノマトペをみた。聴覚のオノマトペのみで表される例はなく、また視覚と嗅覚もそれぞれ、キラキラとタップリといったわずかな例であり、触覚のみでおいしさを表す例もシコシコとシコッにほぼ限られることがわかった。味覚はコックリ、マッタリをみた。

しかしオノマトペが本領を発揮するのはこれからだ。

二つの感覚でおいしさを表すオノマトペ

次に、複数の感覚でおいしさを表すオノマトペを調べよう。次にあげるのは、二つの感覚でおいしさを表す例である。

(カ)「視覚」と「触覚」(アツアツ、フックラ、プリプリ)

このタイプのオノマトペはさらに数が多いので代表例のみに絞る。

アツアツ、カラッ・カラリ、コロコロ・ゴロゴロ・ゴロッ、サラリ・ザラリ、シンナリ、ジュワジュワ・ジュワッ、スベスベ、スルスル・スルッ・スルリ、ツブツブ、トロトロ・トロッ・トロリ、ネットリ・ネトッ・ネトネト、パラパラ、ヒヤッ・ヒンヤリ、フカフカ、フックラ・プックリ、フルフル、フワフワ・フワッ、フンワリ、ブルブル・ブルン、プッチン、プルプル、プニプニ、プニュプニュ、プヨプヨ、プリッ、プリン・プリンプリン・プリプリ、プルン・プルンプルン、ホ(ッ)カホカ・ポカポカ、ホクホク・ホックリ、ホッコリ、ホヤホヤ、ホロホロ・ホロッ、ホロリ、ホワッ・ホワホワ、ポッテリ・ポテッ、ポロポロ・ポロッ、ムチムチ・ムッチリ、モチモチ・モチッ・モッチリ、など

このうち、ツブツブの例をみよう。

⑨つぶつぶキャロットラペのロールケーキ　人参《にんじん》とオレンジと蜂蜜とあるモノを使って爽やかな酸味と後味がいつまでも残る香りのロールを作りました。

クックパッドにアップされた写真では、人参のツブツブ感（視覚）が確認できるが、それと同時にツブツブした食感（触覚）も表している。

次に類似した意味を持つ、ムチムチとモチモチを比較してみよう。

⑩むちむち♡ぷるん♡パンナコッタ☆凄く簡単なのに、毎回絶賛されるムチムチ☆ぷるんなパンナコッタ！

ムチムチはもともと「ムチムチした太もも」など「肉づきがよく、肌に張りがあるさま」という視覚的な意味を表すが、食を表す際には視覚と触覚の両方を表す。類似した表現にモチモチがあり、これも「モチモチした肌」のように視覚的な意味を表すものが、おいしさを表す際には食感（触覚）をも表せる。

⑪もちもちパンケーキ♪超もちふわなパンケーキです！

ここではパンケーキのおいしさを表す場面で、モチモチとフワ（フワ）が同時に使用されている。フンワリなども同様で、たとえば、「普通のホットケーキならフォトジェニックではないですが、ここまでフンワリと仕上げることができれば、SNS映え間違いなし！」などの例からもわかるように、触覚だけでなく視覚的印象も表せる。ほかにコロコロなども同様に、「コロコロとした見た目のかわいいキューブクッキー」などの例から、コロコロとした食感と視覚的印象の両方を表す。

（キ）「聴覚」と「触覚」（コリコリ）
聴覚と触覚の両方を表すオノマトペも負けてはいない。これも代表例のみをあげる。

カリカリ・カリッ、コリコリ・コリッ、サクサク・サクッ・サックリ、ザクザク・ザクッ、シャリシャリ・シャリッ、ズルズル・ズルッ、チュルチュル・チュルッ、バリバリ・バリッ、ポキポキ、ボリボリ・ボリッ・ポリポリ・ポリッなど次の例はカリカリの実例だ。

⑫五郎島金時のカリカリ芋けんぴ（中略）カリカリ！塩気が効いた芋けんぴです☆

ここでの「カリカリ！」は、口にした時の音（聴覚）と食感（触覚）を同時に表している。ほかに、バリバリ（せんべい）やサクサク（パイ）なども音（聴覚）と食感（触覚）を同時に表す例であるが、お菓子以外にも、コリコリ（沢庵）、シャリシャリ（リンゴ）などの例がある。これらのオノマトペはすべて、触覚と聴覚で効率よくテクスチャー（食感）を表す。

（ク）「味覚」と「触覚」（ヒリヒリ）

味覚と触覚を同時に表すのは次のオノマトペである。

カッカ、ツン・ツーン・ツンツン、ヒリヒリ、ピリピリ・ピリッ、ヒイヒイ

次の例では、ショウガの刺激（触覚）と辛み（味覚）をピリピリが表す。

⑬しょうが☆ビスコッティ（中略）ショウガの量でピリピリ度が変わります。

以上、二つの感覚でおいしさを表すオノマトペをみた。五感内で二つの感覚の結合は論理的には一〇種あるが、食のオノマトペにみられるペアは、視覚と触覚（アツアツ）、聴覚と触覚（コリコリ）、味覚と触覚（ヒリヒリ）の三つのみである。

三つの感覚でおいしさを表すオノマトペ

ひとつのオノマトペが三つの感覚を表す例もある。

（ケ）視覚、触覚、聴覚（グツグツ、プチプチ）

視覚と触覚と聴覚を同時に表す代表例をみよう。

クニョクニョ、グツグツ、コトコト、サラサラ、シャキシャキ・シャキッ・シャッキリ、ジュウジュウ、シュワシュワ・シュワッ、ツルツル・ツルッ・ツルリ・ツルン、パキッ・パキパキ、パリパリ・パリッ、フウフウ、プチプチ・プチッ、ポキッ・ポキポキなどこのうち、ツルツルの実例をあげよう。

⑭ツルツルといただけて清涼感のあるところてん。

ほかにも「レンジでパリパリ!うまうまポテトチップス」などもまた、視覚的印象、食べるときの音、食感を同時に表す例である。

（コ）視覚、触覚、味覚（ズッシリ）

視覚、触覚、味覚という三つの感覚の組み合わせもある。

コッテリ、コテコテ、スッキリ、ズッシリ、ズドーンなど

⑮混ぜて焼くだけ☆ずっしりココアケーキ　強力粉のおかげで（?）油少なめなのに重厚感のあるチョコパウンドケーキ風になりました。

「ズッシリとした置物」のように、重そうな視覚的印象を表すズッシリは、「ずっしりココアケーキ」のような例の場合、重量感のある外観（視覚）だけでなく、食べ応えのある食感（触覚）と濃厚な味（味覚）の三つの感覚を同時に表している。コッテリなども同様に、視覚、触覚、味覚の三つを同時に表せる。

（サ）触覚、嗅覚、味覚
このタイプのオノマトペには、スースー・スーッがある。

⑯カリッとサクッとチョコMINTクッキー★夏はもちろん、冬だってミントでカリっさくっスースー♪夏にスッキリ味のクッキーにチャレンジしてみました！

ミント味のガムなどを噛んだ際に感じる、鼻中内の刺激（嗅覚）と口中内の刺激（触覚）、そして辛み（味覚）をスースーという。

以上、三つの感覚を同時に表すオノマトペ、視覚・触覚・聴覚（ツルツル・ところてん）、視覚・触覚・味覚（ズッシリ・ココアケーキ）、触覚・嗅覚・味覚（スースー・チョコミントクッキー）の三つをみた。三つの感覚を表すパターンは、たとえば聴覚・味覚・嗅覚などの組み合わせはなく、この三種のみである。

第三節　感覚間の関係

では、これまでみてきたオノマトペの複合感覚表現を、ぐるりと一周三六〇度、円を描く形に並べてみよう（**図1**）。これをキャラクターホイールと呼ぶ。キャラクターは特徴・特質、ホイールは車輪の意味。要するに円形の親しみやすい全体図のことだ。この図は、日本語母語話者がお菓子のおいしさを表現する際にどのような点に着目して表現するかを示す。

とくに次の三点に注目してもらいたい。

Ⅰ　視覚・聴覚・触覚でテクスチャー（食感）のおいしさを表す。
Ⅱ　嗅覚と味覚で、フレーバー（風味）のおいしさを表す。
Ⅲ　その他、感情や認知・情報なども加わり、最終的なおいしさの総合的評価となる。

この図を参考にして、独自のオノマトペを考えておいしさを表現してほしい。

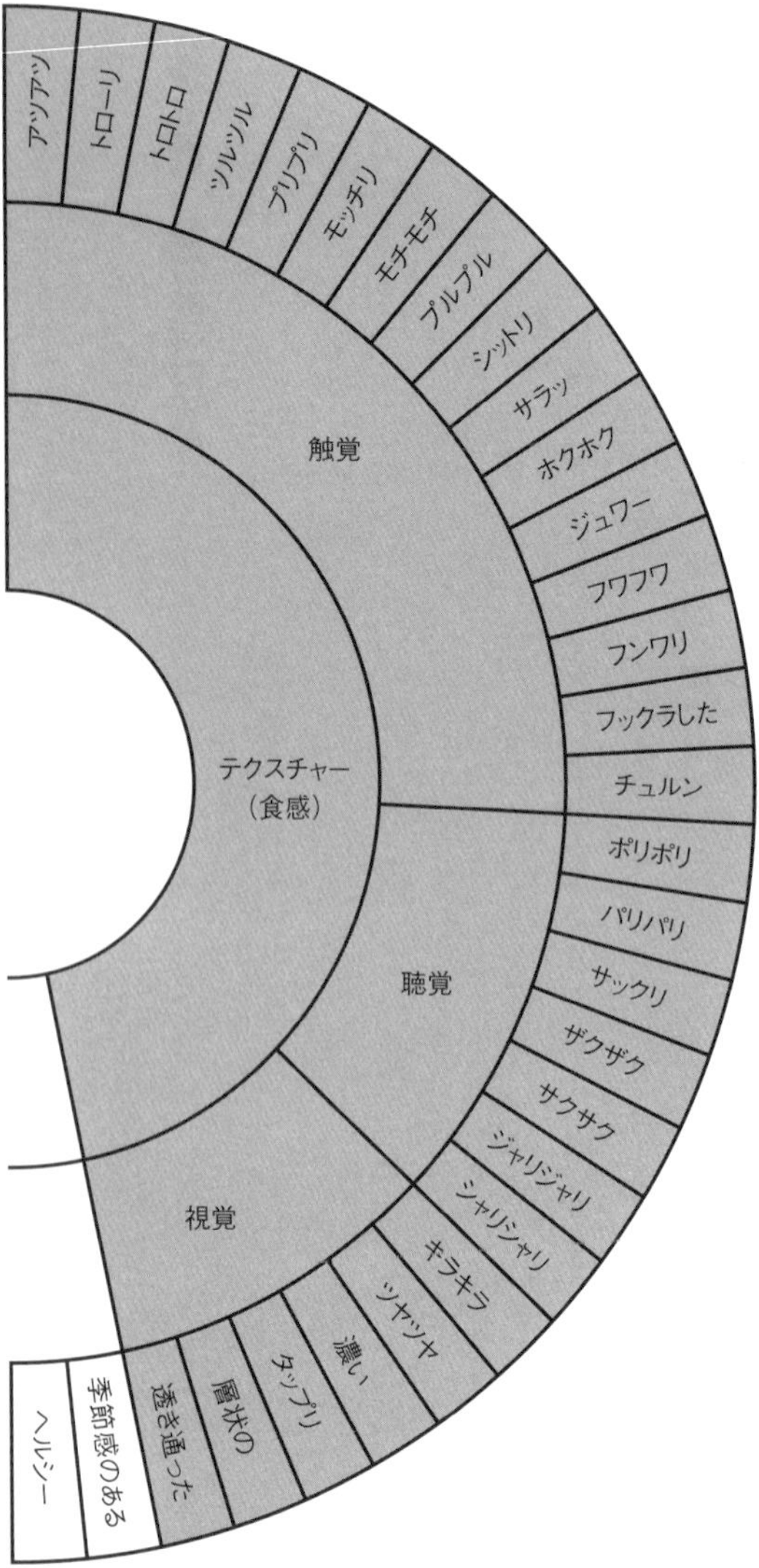
テクスチャー
（食感）
触覚
聴覚
視覚
アツアツ
トローリ
トロトロ
ツルツル
プリプリ
モッチリ
モチモチ
プルプル
シットリ
サラッ
ホクホク
ジュワー
フワフワ
フンワリ
フックラした
チュルン
ポリポリ
パリパリ
サックリ
ザクザク
サクサク
ジャリジャリ
シャリシャリ
キラキラ
ツヤツヤ
濃い
タップリ
層状の
透き通った
季節感のある
ヘルシー

図1　お菓子のキャラクターホイール

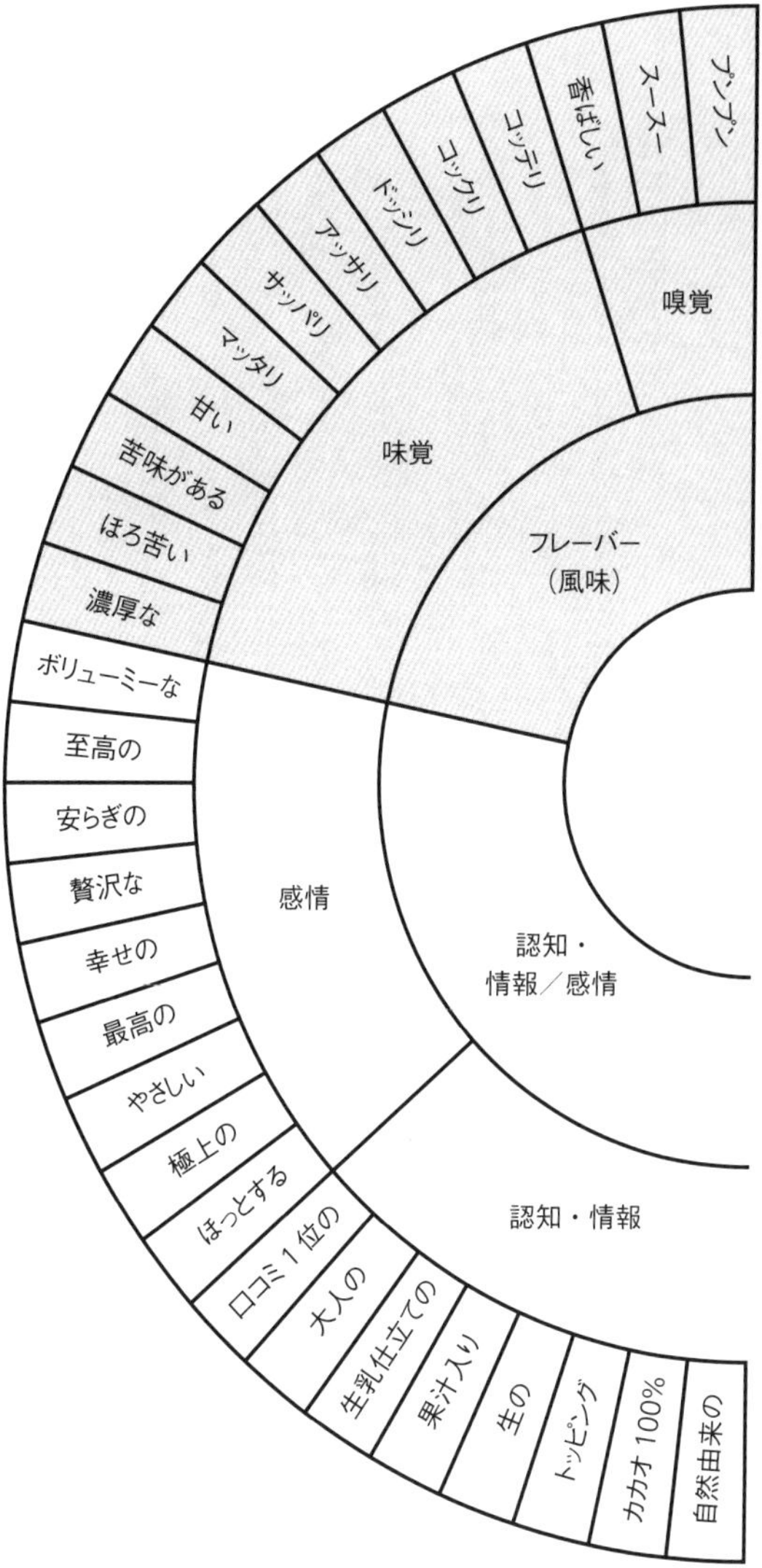

ここまでお菓子のおいしさとオノマトペ、そして五感とおいしさの関係をみてきた。単独の感覚に関係するオノマトペでおいしさを表現することもあったが、しばしば複数の感覚がうまく協同しておいしいオノマトペを作っていることがわかった。

まとめとして、グリコのポッキーの人気の秘密を、オノマトペの観点から振りかえってみよう。「ポキポキのポッキー」のポキポキは、すぐに折れそうに細く（視覚）、ごく軽い食感で（触覚）、食べたときに心地よい乾いた音がする（聴覚）様を、わずか四文字で生き生きとかつ瞬時に表現している。オノマトペを使わずにこれを表せるだろうか。

オノマトペは、伝達性と臨場感に優れ、強烈なインパクトを残すので、こうしたお菓子のネーミングでは必須の手段といっていいだろう。事実、ポッキーやプッチンプリンだけでなく、多くのヒット商品のネーミングに使用される。例をあげよう。

アイス：ガリガリ君／パリッテ／ザクリッチ／パキシエル／パリパリバー／ガツン、とみかん／とろ～りれん乳三昧

スナック菓子：オー・ザック／ポリンキー

ビスケット：さくさくぱんだ

チョコ菓子：カプリコ／パックンチョ

デザートの素：ぷるるんデザート
ガム：メガシャキ

人気の「ガリガリ君」は、食べたときの音（聴覚）と食感（触覚）を効果的に表す。このようにネーミングのオノマトペも、やはり複数の感覚を同時に利用していると考えていいだろう。

引用文献

・上田隆穂、二〇二〇年、「美味しさを生み出す情報に関する研究枠組みの検討～ガストロフィジックスの視点から～」『学習院大学経済論集』五六（三・四合併）、四一‐五一頁
・宇都宮仁、二〇一二年、「フレーバーホイール・専門パネルによる官能特性表現」『化学と生物』五〇―一二、八九七‐九〇三頁
・大野敦子、二〇一四年、「紅茶キャラクターホイールの作成と紅茶特徴の可視化」『におい・かおり環境学会誌』四五―五、三四四‐三五〇頁
・苧阪直行、一九九九年、『感性のことばを研究する』、新曜社
・小野正弘、二〇〇七年、『日本語オノマトペ辞典』、小学館
・クックパッド　https://cookpad.com/
・グリコ、ポッキー　https://www.pocky.jp/about/detail.html
・グリコ、プッチンプリン　https://web.pucchin.jp/info/product/pucchin.html

・合谷祥一、二〇一九年、「食品のテクスチャー―特にレオロジー的な性質について」『サナテックメールマガジン』一五六、http://www.mac.or.jp/mail/190301/01.shtml
・清水祐一郎、土斐崎龍一、坂本真樹、二〇一四年、「オノマトペごとの微細な印象を推定するシステム」『人工知能学会論文誌』二九（一）、四一-五二頁
・関野龍太、影山侑吏香、後藤慶一、二〇一八年、「魚の刺身の特徴を客観的に可視化するための官能評価用語の選定（刺身キャラクターホイールの作成）」『東海大学先進生命科学研究所紀要』二、四四-四八頁
・瀬戸賢一・編著、二〇〇三年、『ことばは味を超える』、海鳴社
・土斐崎龍一、羽田逸美、松田隆秀、内海彰、坂本真樹、二〇一四年、「痛みを表すオノマトペと比喩の関係性に着目した問診支援の可能性」『日本認知科学会第三十一回大会論文集』、八二三-八二六頁
・西村由美、竹内和広、二〇一一年、「目的別日本語教育におけるオノマトペ表現の重要性」『言語処理学会年次大会発表論文集』一七、一〇一一-一〇一四頁
・早川文代、井奥加奈、阿久澤さゆりほか、二〇〇六年、「質問紙法による消費者のテクスチャー語彙調査」『日本食品科学工学会誌』五三、三二七-三三六頁
・早川文代、二〇一三年、「日本語テクスチャー用語の体系化と官能評価への利用」『日本食品科学工学会誌』六〇、三一一-三二二頁

コラム8 東京の老舗

安井泉

東京が日々大きく変貌をとげるなかで、変わらぬ風景もある。

落語「目黒のさんま」ではないが、浅草のどじょう、目黒のうなぎなど、懐かしい情景とともに変わらぬ味が残っている。神田からそれほど遠くない場所に、米軍の都合といわれているが、空襲をまぬがれた一帯がある。その一角に近づいていくと、異世界に踏みいれたかと思う間もなく、昔ながらの店構えが現れる。肩を寄せあい、昔と同じ息をしているかのようだ。

夏目漱石がひいきにしていた店もあれば、池波正太郎の『むかしの味』に登場する店もある。一日中客が途絶えぬ蕎麦屋があるかと思えば、江戸時代から続く東京唯一の鮟鱇《あんこう》専門店もある。店に入るとパックリ口を開けた深海魚が出番を待って氷のケースに鎮座している。細い路地に鳥すきやきの専門店があったりもする。

漫画家・江戸風俗研究家の杉浦日向子は蕎麦好きと蕎麦屋好きとは違うと述べていた。老舗の蕎麦屋は蕎麦屋好きにはうってつけである。酒のあてを味わいながら店の活気に身を委ねる。変わらぬ味を店の雰囲気ごと楽しみたいと思ったとき、人は老舗に足を向ける。そして、お目当ての料理をひとくち口にした瞬間、「老舗はけっして裏切らない」という思いを強くする。

老舗はかならずしも値段が張るとは限らない。爆撃を逃れた神田の一隅で庶民の味が受け継がれているのはうれしいことだ。

おわりに

八品からなるフルコース、どの一皿もことばでおいしさを表現する方法を追究した。楽しんでもらえただろうか。

おいしい味を体験して、「おいしい」としか言えなかった人に、自分の五感で感じたままのことばを使ってもらいたい。またおいしい表現がじつはたくさんあることを知ってもらいたい。このような一念でこの書は編まれた。テレビの芸人のように「うまっ」「ヤバッ」というのはやめにして、自分のことばで味を語りはじめよう。そのおいしさや感動を人に伝えるのに、便利なツールがいまは指先にあるのだから。

まず手はじめに、きょうのランチあるいは夕飯の味を、少しくふうして表現してみればどうだろうか。もし料理にひと手間かけたのなら、味がどう変わったのかをぜひことばにしてみよう。きっとそれがさらにおいしく味わう第一歩となるはずだ。

著者の味研ラボのメンバーはすべて言語学という、一般の人からみればなんとも堅苦しい響きの、ことばの仕組みを考える学問に携わってきた。べつにその反動でもないが、全員食べるのが大好きだ。集まれば食談義がにわかに沸きたって、とどまるところがない。

各章のシェフたち、いや著者たちを簡単に紹介しよう。

第一章「コク・キレ・のどごし」の宮畑一範は、毎食料理を一品ずつ写真に撮る。子どものころ、弁当はタコの形を模した赤いウインナーがお気に入りで、足はかならずきれいに八本そろっていないと満足できなかったという。母親がよく切れるカミソリで足を整えてくれていた。いまの几帳面さは母親譲りなのだろう。芋焼酎を好み、その知識は底知れない。

第三章「味の『宝石箱』のヒミツ」の辻本智子は、妥協しないことで定評がある。フランスパンに凝りだすと、実証的に某店のバケットが一番との結論をだすまであくなき探求を続ける。そしてその青山店のがもっとも優れているとの見通しをつけると、学会参加もそこそこに、チェックした焼きあがり時間に合わせて駆けつけるという徹底ぶりだ。チーズにも一家言あり。

第四章の「女の『うまい』・男の『おいしい』」の稲永知世はもっとすごい。なにしろ命がけで食に挑む。生ガキの磯のうま味に取りつかれてしまった。プロフィールにもあるが、やがて数打ちゃ当たる、ノロウイルスに感染した。症状は厳しい。が、一度ぐらいでは懲りない。また食べてまた感染。体質なのかと思っても諦めない。三度、四度感染して、ようやく観念した。いまは火を通して食べる。

第五章「マンガな味」の山口治彦は、大の魚好きである。煮魚なら骨までしゃぶりつくす。

その昔、はじめて子どもを水族館に連れていったときの話。

子：この細長いサカナなに？
父：あなご。
子：うまそう…。
父：（この親にしてこの子あり、か）

第六章「カレーなるおいしさの表現」の小田希望は、自らカレーのテーマに志願するだけあって、各種のカレー用のスパイスをそろえている。章の冒頭で書いていたように、カレー中毒症がすでに進行していて、しばらく間隔があくと禁断症状が現れる。お酒は弱く、梅酒か白ワインを少し。ひそかにお取り寄せに詳しく、ときどきその情報の一部を伝えてくる。

第七章「ラーメンの味ことば」の山添秀剛は、札幌に職をえてからはすっかり道産子になった。土地のゆるめの生活ぶりが性格にぴったり合っているとのことだ。根っからの温泉好き。体の芯まで温まって風呂上がりに飲む生ビールのためなら、レンタカーを借りてでも犬橇《いぬぞり》（？）に乗ってでもどこへでも行く。ラーメンの章はとにかく熱い、本人の体温も高め。

第八章「お菓子のオノマトペ」の武藤彩加も、熱さでは負けてない。勤務校は、南は沖縄から大分、広島を経て出身地の愛知に戻る。うまいものを渡り歩いたが、エビ好きの名古屋人の反応が早かったのは、愛媛での足袋《たび》エビ。なんじゃこれと思ったそうだが、箸はすでに動いていた。伊勢エビに負けず、ネットリ、モッチリ、ウットリ。どぶろく特区との組み合わせもたまらなかったようだ。

コラム担当の安井泉と小森道彦、それに編集の私は、食通や食道楽からはやや離れているが、本物の追究に関しては人後に落ちない。あるときは炉辺を囲んで談じ、あるときは船底で酒と波に酔い、またあるときは物見遊山で心をほぐす。しかし陽が傾けば、かならずや土地の名物を求めて街を徘徊する。要するにただの食いしん坊なのだ。

合わせて、味とことばの十傑、おいしい味の伝道師たちの素顔を少しだけ紹介させてもらった。本書が、味のことばをあきらめず、くふうに富んだおいしい表現を生みだすきっかけになることを願いつつ。それからもうひとつ、『書くための文章読本』につづき、編集は河井好見さんのお世話になった。

瀬戸賢一

二〇二二年　新春

執筆者プロフィール（章立て順）

瀬戸賢一（せと　けんいち）

一九五一年京都府生まれ。大阪市立大学文学研究科後期博士課程単位取得退学。博士（文学）。大阪市立大学名誉教授。専門はレトリック・言語学。著書に『日本語のレトリック』（岩波ジュニア新書）、『時間の言語学』（ちくま新書）、『書くための文章読本』（集英社インターナショナル）など。編著に『ことばは味を超える』、共著に『味ことばの世界』（共に海鳴社）など。

・仕事と料理では脳の働きが違うのを実感しています。包丁を握ると仕事で疲れた脳が解きほぐされ、とりわけ三ツ口のコンロを同時に使うとき、机の前とは違う脳の部分が大活躍する。味はそのとき次第。

宮畑一範（みやはた　かずのり）

一九六四年奈良県生まれ。大阪市立大学文学研究科後期博士課程中途退学。修士（文学）。大阪府立大学准教授。専門は英語学・認知意味論。共編著に『プログレッシブ英和中辞典（第5版）』（小学館）、『大学生のための 英語の新マナビー 第一巻 単語ナビ』（海鳴社）など。

・おいしい料理を食べるのも作るのも大好き。そして、それに合わせて飲むお酒も。味の組み合わせと変化・余韻を静かに楽しむのが至福の時間。

辻本智子（つじもと　ともこ）

一九六七年大阪府生まれ。奈良女子大学人間文化研究科後期博士課程単位取得。修士（文学）。大阪工業大学教授。専門

は認知言語学。共著に『味ことばの世界』（海鳴社）、『英語多義ネットワーク辞典』（小学館）など。
・京都市内で和菓子屋を営んでいた母の実家で幼少期を過ごしたため、京風の味付けが好み。イギリス留学時代、寮の食堂で三食食べているうちに身体を壊し、寮を出ました。おいしいものが、心と身体の健康には不可欠であることを身をもって学ぶ。

稲永知世（いねなが　ともよ）

一九八三年鹿児島県生まれの奈良県育ち。大阪府立大学人間社会学研究科単位取得退学。佛教大学准教授。専門は批判的ディスコース研究。共著に『ディスコース分析の実践—メディアが作る「現実」を明らかにする—』（くろしお出版）など。
・牡蠣が好きなのですが、生牡蠣を食べてノロウイルスに感染するという経験を三、四回繰り返してきました。しかしながら牡蠣を食べることをやめられず、現在は火を通した牡蠣を食べるようにしています。

山口治彦（やまぐち　はるひこ）

一九六一年大阪府生まれ。大阪市立大学文学研究科後期博士課程単位取得退学。修士（文学）。神戸市外国語大学教授、専門は談話分析・語用論。著書に『語りのレトリック』（海鳴社）、『明晰な引用，しなやかな引用：話法の日英対照研究』（くろしお出版）など。
・主食は日本酒、料理は自分との対話、キッシュは生地から作ります（あ、ワインが副食でした）。

小田希望（おだ　のぞみ）

一九七五年大阪府堺市生まれ。大阪市立大学文学研究科後期博士課程単位取得。博士（文学）。就実大学教授、専門は英語学・ポライトネス。著書に『英語の呼びかけ語』（大阪教育図書）、『認知言語学演習』全三巻（共著、大修館書店）など。

・食べたことがないものは何でも食べてみたくなる、自分で作ってみたくなる食いしん坊です。パン屋とカレー店を巡るのが趣味。

山添秀剛（やまぞえ　しゅうごう）

一九七一年大阪府生まれ。大阪市立大学文学研究科後期博士課程単位取得。博士（文学）。札幌学院大学教授。専門は英語学・認知言語学。共著に『ことばから心へ―認知の深淵―』、訳書（共訳）に『「比喩」とは何か―認知言語学からのアプローチ』（共に開拓社）など。

・環境に培われた好みだけに縛られず、ことばや味の感性をつねに鋭敏に。こだわりがないのがこだわり。ことばも味も好き嫌いなし。

武藤彩加（むとう　あやか）

愛知県生まれ。名古屋大学国際言語文化研究科博士後期課程取得。博士（文学）。中部大学教授。専門は現代日本語学・日本語教育学。著書に『日本語の共感覚的比喩』（ひつじ書房）など。

・スープは「飲む」ものなのか、言語差や個人差により使い分けも様々なようですが、私は「食べるスープ」が大好きです。

小森道彦（こもり　みちひこ）

一九六三年大阪府生まれ。大阪市立大学文学研究科後期博士課程単位取得退学。修士（文学）。大阪樟蔭女子大学教授。専門は英語学・共感覚表現。共著に『大学生のための英語の新マナビー 第三巻 文法ナビ』（海鳴社）など。

・食べることと同じぐらい音楽も好きですが、味も音楽も「軽く淡泊で、すっきりと洗練された」ものと「まったりとして濃厚で豊かな」ものがあるように思います。私はどちらかというと、まったり、濃厚派です。

安井　泉（やすい　いずみ）

一九四八年東京生まれ。大阪市立大学文学研究科博士課程退学。修士（文学）。筑波大学名誉教授。日本ルイス・キャロル協会会長、英語語法文法学会名誉顧問。専門は英語学、言語文化。著書に『ことばから文化へ』（開拓社）、『対訳・注解 不思議の国のアリス』（研究社）、訳書にルイス・キャロル『鏡の国のアリス』（新書館）など。

・味との出会いは、一期一会。その味は変わらなくても、それを食べる私たちの状況はその場かぎり。二度と同じには味わえない。だからこそ、味は雄弁であり、かすかな手がかりからすべてを想起させてくれます。

瀬戸賢一《せとけんいち》
言語学者。1951年、京都府生まれ。大阪市立大学名誉教授。専門はレトリック、言語学。著書に『書くための文章読本』（集英社インターナショナル）など多数。編著書に『ことばは味を超える』（海鳴社）など。

味ことば研究ラボラトリー
味にまつわる言葉を研究している言語研究者集団。瀬戸賢一、宮畑一範、辻本智子、稲永知世、山口治彦、小田希望、山添秀剛、武藤彩加、小森道彦、安井泉。（本書の章立て順）

おいしい味《あじ》の表現術《ひょうげんじゅつ》

二〇二二年二月一二日　第一刷発行

インターナショナル新書〇九五

編　者　瀬戸賢一《せとけんいち》
著　者　味《あじ》ことば研究《けんきゅう》ラボラトリー
発行者　岩瀬　朗
発行所　株式会社 集英社インターナショナル
〒一〇一－〇〇六四 東京都千代田区神田猿楽町一－五－一八
電話 〇三－五二一一－二六三〇
発売所　株式会社 集英社
〒一〇一－八〇五〇 東京都千代田区一ツ橋二－五－一〇
電話 〇三－三二三〇－六〇八〇（読者係）
〇三－三二三〇－六三九三（販売部）書店専用
装　幀　アルビレオ
印刷所　大日本印刷株式会社
製本所　大日本印刷株式会社

ISBN978-4-7976-8095-9　C0281
定価はカバーに表示してあります。

インターナショナル新書

091
ネオ・サピエンス誕生
服部桂　稲見昌彦 他

二〇二二年刊の雑誌『ｋｏｔｏｂａ』（集英社）の特集「人間拡張はネオ・ヒューマンを生むか？」を新書化。ロボットや情報科学の研究者、ジャーナリスト、ミュージシャン、アスリートらが、来るべき「人間拡張」の未来を考える。

092
死の医学
駒ヶ嶺朋子

臨死体験、幽体離脱、金縛り、憑依などの不思議な現象はどのようにして起こり、それは我々の人生にどのような意味を与えているのか——詩人にして、脳神経内科医である著者が読み解く「魂と心の物語」。

093
英語の新常識
杉田敏

英語の常識は変わった！　ＮＨＫ放送史上、最長寿の語学番組で常に最新の英語を伝えてきたカリスマ講師、集大成の一冊。ネット社会、多様性、ポストコロナ時代に対応した、まさに今生まれつつある英語を教える。

094
「隠しアイテム」で読み解く春画入門
鈴木堅弘

「行為」以外に注目すると春画はもっと面白い！　置かれている手鏡の意味は？　煙草、はさみ、着物の柄……春画に隠されたアイテムの意味を読み解けば、より奥深い江戸情愛の世界が。画期的な春画入門書。